Volker Matthies (Hrsg.)

TOD AM JUBA

Beihefte zum
Deutschen Schiffahrtsarchiv

Für das Deutsche Schiffahrtsmuseum
herausgegeben von Erik Hoops

Volker Matthies (Hrsg.)

TOD AM JUBA

Die Dampfer-Expedition des Barons von der Decken
ins Land der Somali (1865)

Deutsches
Schiffahrts
museum

oceanum
VERLAG

Deutsches Schiffahrtsarchiv
35 · 2012
– Beiheft –

© 2014, Deutsches Schiffahrtsmuseum, Bremerhaven,
und Oceanum Verlag e.K., Wiefelstede

Alle Rechte vorbehalten. Nachdruck, auch auszugsweise, sowie Verbreitung durch Film, Funk, Fernsehen und Internet, durch fotomechanische Wiedergabe, Tonträger und Datenverarbeitungssysteme jeder Art nur mit schriftlicher Genehmigung der Copyright-Inhaber.
All rights reserved. Copyright contents may not be reproduced or transmitted in any form or by any means without prior written permission of the copyright holders.

Redaktion: Erik Hoops, M.A.

Übersetzung der Summary: Judith Rosenthal, B.A.

Abbildung auf dem Umschlag:
WELF und PASSEPARTOUT unter Dampf. Ausschnitt aus der Initiale zum Abschnitt »Vorbereitungen« nach einer Zeichnung von Eduard Trenn. (Aus: Baron Carl Claus von der Decken's Reisen in Ost-Afrika in den Jahren 1862 bis 1865. Leipzig und Heidelberg 1871)

Umschlaggestaltung, Satz und Lithographie: Tobias Gerken GmbH, Wiefelstede
Druck und Bindung: DZA Druckerei zu Altenburg GmbH, Altenburg

Printed in Germany

ISSN 1868-9434
ISBN 978-3-86927-135-4

www.dsm.museum
www.oceanum.de

Inhaltsverzeichnis

Einführung des Herausgebers 7
  Der Baron von der Decken: Forschungsreisender in Ostafrika 7
  Vorbereitungen der Juba-Expedition in Europa und auf Sansibar 11

Bericht der Expedition 23
  Vorbereitungen 23
  Die Flüsse der Formosabai 32
  Fahrt nach Norden 34
  Tage des Unglücks 37
  An der Mündung des Juba-Flusses 44
  Stromaufwärts 51
  Bardera und die Somali 59
  Ende der Expedition 63
  Feststellung des Schicksals der Verschollenen 79

Nachwort des Herausgebers:
Die Dampfer-Expedition auf dem Juba 83
  Erste Erprobungs- und Forschungsfahrten entlang der Küste 83
  Die schwierige Fahrt auf dem Juba 86
  Schiffbruch und Überfall der Somali 91
  Rückkehr der Überlebenden 91
  Tod des Barons in Bardera 92
  Bilanz der Expedition 93

Zusammenfassung 101
Summary 104

Verzeichnis der Quellen und Literatur 107
Verzeichnis der Abbildungen 110

v. d. Decken

Einführung des Herausgebers

Der Baron von der Decken: Forschungsreisender in Ostafrika

Carl Claus von der Decken wurde am 8. August 1833 in Kotzen, Mark Brandenburg, geboren. Die Familie besaß mehrere Güter, die vom Großvater, dem hannoverschen Minister Claus von der Decken, erworben worden waren. Carl Claus von der Deckens Vater, Baron Ernst von der Decken, war Offizier in der Englischen Legion gewesen und stand später im Staatsdienst des Königreichs Hannover. Nach dessen Tod 1846 heiratete die Mutter Adelheid, Tochter eines preußischen Offiziers (geb. von Stechow, 1807–1868), im Jahr 1848 den Fürsten von Pless, Reichsgraf Hans Heinrich X. von Hochberg, der weitere Besitztümer in die Ehe einbrachte.

Seine Jugendjahre verbrachte Carl Claus von der Decken auf Schloss Melkhof bei Ludwigslust in Mecklenburg, das sein älterer Bruder Julius (1827–1867) erbte und bewirtschaftete. In Lüneburg besuchte von der Decken die Gelehrtenschule und zeigte *früh eine Vorliebe für Geschichte und Geographie, las begeistert Reisebeschreibungen und zeichnete Landkarten.*[1] Doch widmete er sich auch der Mathematik und neueren Sprachen. Infolge seiner besonderen Zuneigung zum Militärischen trat er 1850 gegen den Willen des Vaters in das hannoversche Kadettenkorps ein und absolvierte im folgenden Jahr die Prüfung zum Offizier. Danach nahm er als Junker seinen Dienst in der Armee auf.

In der Sozialgeschichte des Reisens gehört von der Decken zu den vermögenden »Privat«-Reisenden, meist Adligen und Offizieren, deren Metier die *naturgeschichtliche Jagdreise* war, vorwiegend in das bereits von Europäern gut erschlossene wildreiche Südafrika und Nordost-

---

1 Henze 1978b, S. 32.

afrika (Ägypten/Nil-Länder). Hier konnten sie das traditionelle adlige Abenteuer der Jagd nunmehr in exotischen Regionen mit einer Prise naturkundlicher Entdeckungsreise verbinden.[2] Mit reichen Mitteln vermochten sie ihre Reisen »privat« zu finanzieren, waren also nicht auf die Unterstützung von Staaten oder Stiftungen angewiesen.

Schon frühzeitig übte Afrika eine besondere Faszination auf den jungen Adligen aus. Nach Reisen durch verschiedene europäische Länder unternahm er 1858 eine längere Jagdreise in Algerien. Danach dienten ihm seine Jagdtrophäen und Sammlungen algerischer Erzeugnisse zur Ausschmückung eines *afrikanischen Zimmers*.[3]

Im Frühjahr 1860 quittierte von der Decken den Armeedienst in Hannover in der festen Absicht, eine längere Jagdreise in den Süden Afrikas anzutreten. Sein Wandel von einem adligen Vergnügungs- und Jagdreisenden zu einem Entdecker und Forscher vollzog sich nun unter Mitwirkung des berühmten Afrika-Forschers Heinrich Barth (1821–1865), den er anlässlich der geplanten Jagdreise in Berlin um Ratschläge bat. Nach seiner mehrjährigen wissenschaftlich ertragreichen Reise durch Nord- und Zentralafrika (1849–1855) war Barth *zum entscheidenden Berater und vielfach auch Initiator der Afrika-Forschung seiner Zeit geworden*.[4] Barth verwies den Baron jedoch anstelle von Südafrika auf Ostafrika, wo die Afrika-Forschung sich bemühte, von den Küsten her in das Landesinnere einzudringen und das dortige Fluss- und Seensystem aufzuklären und letztlich das Rätsel der Nilquellen zu lösen.

In diesem Kontext machte Barth von der Decken auf den mittellosen, jedoch wissenschaftlich ausgewiesenen Hamburger Ostafrika-Forscher Albrecht Roscher (1836–1860) aufmerksam, der bereits im Juni 1858 nach Sansibar gereist war, um von dort aus über Kilwa zum Njassa-See vorzudringen. Roscher konnte die Unterstützung eines vermögenden Reisegefährten dringend brauchen. Damit war es in diesem Ausnahmefall wissenschaftlichen Kreisen gelungen, *die Reiselust des Adels zu steuern und auf eine bestimmte Region zu lenken*.[5] Der Baron folgte dem Vorschlag Barths und reiste 1860 nach Sansibar, wo sich jedoch seine Pläne infolge der Ermordung Rochers im Inneren Afrikas zerschlugen. Von Kilwa aus folgte er zwar den Spuren Roschers, um womöglich noch etwas von dessen Aufzeichnungen zu retten, doch musste er seinen Vorstoß auf halbem Wege abbrechen.[6]

Nunmehr suchte von der Decken nach einem eigenen Forschungsfeld in Ostafrika, das er in dem vom deutschen Missionar und Afrika-Reisenden Johann Rebmann (1820–1876) im Jahr 1848 entdeckten

»Schneeberg« Kilimandscharo fand, *über dessen Lage, Höhe und Schneebedeckung in Europa viel diskutiert wurde.*[7] Eine erste Reise zum Kilimandscharo unternahm von der Decken von Juni bis Oktober 1861 gemeinsam mit dem englischen Geologen Richard Thornton. Dabei gelangten sie beim Aufstieg trotz schwerster Regenfälle immerhin auf eine Höhe von 2500 m.

Auf der zweiten Reise von Oktober bis Dezember 1862 wurde von der Decken von Otto Kersten begleitet. Ihre Besteigung des Berges, bei der sie die ersten zuverlässigen Beobachtungen und Messungen vornahmen, führte diesmal bis zu einer Höhe von fast 4300 m. Durch diese Erkundungen *trat der Kilimandscharo in die Wissenschaft ein*, wie der Reise-Historiker Henze formulierte.[8] Deckens Absicht, auch in die Landschaften im Westen des Berges einzudringen, scheiterte jedoch am Widerstand der Masai, eines Hirtenvolks in den Steppen des heutigen Kenia und Tansania, die ihm den Eintritt in ihr Territorium verwehrten.

Nach seiner Rückkehr vom Kilimandscharo unternahm der Baron im Jahr 1863 noch einige Reisen nach Lamu, zu den Komoren und den Seychellen sowie nach Reunion. Eine weitere geplante Reise nach Madagaskar konnte wegen dort ausbrechender Unruhen nicht angetreten werden. Im August 1863 kehrte von der Decken dann nach Europa zurück, um ein neues Unternehmen zur Erkundung ostafrikanischer Flüsse vorzubereiten.

Auf seinen ersten Reisen war der junge Baron zu einem erfahrenen und international geachteten Entdecker und Forscher gereift. Henze zufolge ist es von der Deckens Verdienst, *das Kilimandscharo-Problem kühn angepackt und geklärt zu haben*, wodurch er als *Pionier in der wissenschaftlichen Erschließung des Berges* gelten kann. Für diese Leistung erfuhr er 1864 auch eine Ehrung durch die Londoner Geographische Gesellschaft.[9]

Die Reiseaufzeichnungen und wissenschaftlichen Ergebnisse der ostafrikanischen Expeditionen von der Deckens gab sein Mitreisender Otto Kersten in den Jahren von 1869–1879 in sechs Bänden heraus. Die ersten beiden Bände enthalten in der Bearbeitung von Kersten die er-

---

2 Essner 1985, S. 16.
3 Baron von der Decken 1871, S. 379.
4 Genschorek 1982, S. 184.
5 Essner 1985, S. 19.
6 Henze 2011, S. 664.
7 Henze 1978b, S. 33.
8 Henze 1978a, S. VI.
9 Henze 1978a, S. VI, VIII.

zählenden Teile. In den vier weiteren reichhaltig illustrierten Bänden wurden von namhaften Fachleuten die wissenschaftlichen Ergebnisse (Fauna und Flora) der Decken'schen Reisen bearbeitet. Durch die großzügige finanzielle Unterstützung von Seiten der Familie von der Deckens entstand so insgesamt ein wahres *Prachtwerk*.[10] Die umfangreichen Sammlungen des Reisenden wurden von dessen Familie dem »Berliner Museum« (wohl dem Zoologischen Museum als Teilbereich des späteren Museums für Naturkunde der Humboldt-Universität zu Berlin) überlassen, vor allem Wirbeltiere und Vögel. Viele Tiere und Pflanzen Ostafrikas wurden nach den Decken'schen Sammlungen beschrieben und einige auch nach ihm benannt, so z.B. der zu den Nashornvögeln gehörende »Decken-Toko« und die zu den spektakulärsten alpinen Pflanzen zählende *Lobelia deckenii*.

Nach seinen ersten Expeditionen und den Schwierigkeiten, auf dem Landweg weiter ins Innere Ostafrikas einzudringen, fasste der Baron nunmehr den Plan, *die dortigen Flüsse als Zugangsbahn nach dem Inneren zu benutzen*.[11] Er hatte offensichtlich die Überzeugung gewonnen, *dass er in der bisherigen Weise nicht fortfahren könne; denn all seine Mühe war durch das Veto eines einzigen Stammes im Inneren vereitelt worden. [...] Demgemäß suchte er sich von den Menschen unabhängiger zu machen. Hierzu konnte ihm Nichts geeigneter erscheinen, als die Betretung des Wasserwegs*.[12] Wie der schottische Entdecker Mungo Park (1771–1806) in Westafrika den Niger, so wollte von der Decken nun in Ostafrika den Juba erkunden.[13] Der Juba, ein stark mäandernder Fluss, ist mit seinen Quellflüssen aus dem südäthiopischen Hochland über 1500 km lang, durchquert den Süden Somalias und mündet nordöstlich von Kismayu in den Indischen Ozean.

Zu diesem Zweck benötigte von der Decken ein für Flussfahrten geeignetes Dampfboot. Er war allerdings nicht der erste Afrika-Reisende, der mit Hilfe von Dampfbooten noch unbekannte Flüsse befuhr. Weithin bekannt wurde der in drei Teile zerlegbare Raddampfer MA-ROBERT des berühmten englischen Afrika-Forschers David Livingstone (1813–1873), ein speziell für die Fahrt auf dem Sambesi angefertigtes Fahrzeug, das sich dabei allerdings mehr schlecht als recht bewährte. Mit dabei war der Geologe Thornton, der später die erste Expedition von der Deckens zum Kilimandscharo begleitete. Bei nachfolgenden Forschungsfahrten Livingstones auf Flüssen und Seen Ostafrikas standen diesem die neuen Dampfer THE PIONEER und LADY NYASA zur Verfügung. Auf dem PIONEER fand übrigens von der Deckens ehemaliger Reisegefährte Thornton im April 1862 infolge einer fiebrigen Erkrankung den Tod.

Vorbereitungen der Juba-Expedition in Europa und auf Sansibar

Das wichtigste Anliegen des Barons während der Vorbereitung seiner geplanten Flussreise im Jahr 1863 war es, ein hierfür geeignetes Dampfschiff zu erwerben. Die beste Wahl für den Bau eines solchen Schiffes war wohl die Reiherstieg-Werft (»Reiherstieg Schiffswerfte und Kesselschmiede«) in Hamburg, die sich bereits mit der Konstruktion von Flussfahrgastschiffen, die als Rad- oder Doppelschraubendampfer gebaut wurden, einen Namen gemacht hatte.[14] Nach langen Verhandlungen erklärte sich diese Werft bereit, gemäß den speziellen Wünschen des Barons einen Forschungsdampfer zu bauen.

Unter der Bau-Nr. 119 wurde im Baujahr 1863/64 an die Konstruktion dieses Schiffes gegangen, das schließlich als Raddampfer von 35,8 m Länge, 4,6 m Breite und 40 PSn seiner Fertigstellung entgegen sah und später zu Ehren des hannoverschen Herrscherhauses auf den Namen WELF getauft wurde. Nachfolgend wurde bei der Schiffbauanstalt der Herren Schmilinsky & Co. in Hamburg noch ein zweites, kleineres Dampfboot von 28 Fuß Länge bei 1 Fuß Tiefgang bestellt, mit einer Schraube, welche – durch eine Maschine von 6 Pferdekraft angetrieben – eine stündliche Geschwindigkeit von 6–7 Meilen ermöglichte. Im Hinblick auf seinen Zweck, *weiter zu dringen, wenn der WELF den Dienst versagte*, erhielt der kleine Dampfer den bedeutsamen Namen PASSEPARTOUT.

Des Weiteren war dem Baron sehr an einer guten Bewaffnung seiner Schiffe und Mannschaft gelegen, da er sich offensichtlich notfalls auch mit Gewalt Lebensmittel beschaffen und seinen Weg ins Innere Ostafrikas auch gegen Widerstände der Einheimischen bahnen wollte. Vor der Beauftragung der Hamburger Reiherstieg-Werft hatte von der Decken versucht, für die Summe von 100 000 Talern vom preußischen Staat für drei Jahre einen kleinen Kriegsdampfer zu mieten. Dieses Ansinnen war jedoch zurückgewiesen worden, um nicht in außenpolitische Verwicklungen zu geraten.

König Georg von England (Georg V.), der Souverän von Deckens engerem Vaterland Hannover, erlaubte dem Baron hingegen, die hanno-

---

10 Embacher 1882, S. 95.
11 Henze 1978a, S. VIII.
12 Baron von der Decken 1871, S. 382.
13 Schiffers 1962, S. 220.
14 Kresse 1966.

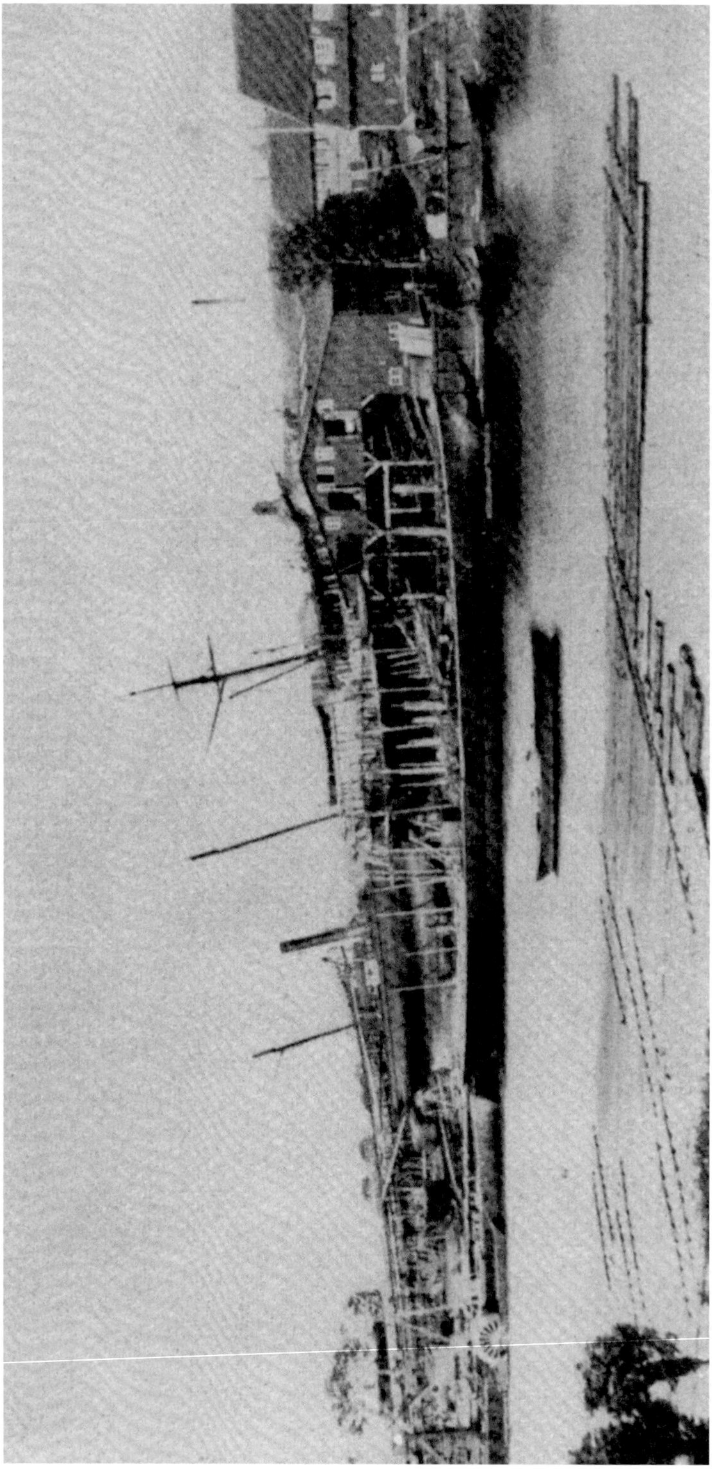

versche Kriegsflagge zu führen, und ermöglichte es ihm zu günstigen Bedingungen, sich aus dem Zeughaus von Hannover mit einem Geschütz sowie mit Musketen, Karabinern, Pistolen, Säbeln, Raketen und Munition zu versorgen. Auf seiner späteren Hinreise nach Sansibar versuchte der Baron in Alexandria sogar noch, vom gerade dort weilenden Vizekönig Ägyptens eine Anzahl *abgehärteter ägyptischer Soldaten zur Unterstützung seines Unternehmens* zu erhalten, allerdings ohne Erfolg.

Dies macht abermals deutlich, dass von der Decken auf eine quasimilitärische Schlagkraft seiner Expedition großen Wert legte. Damit stand er im Gegensatz zu Afrika-Forschern wie Livingstone oder Barth, die für eine Art des friedfertigen innerafrikanischen Reisens eintraten. Im Sinne von Barth *wäre nur Notwehr erlaubt gewesen. Die Route durfte nicht mit Gewalt erzwungen […] werden […]. Wer andere verstehen wollte, musste ihre Sprache sprechen, durfte nicht als Fremdling auftreten, musste vom Lande leben, musste entgegenkommen, musste respektieren, was sich irgend ehren ließ.*[15]

Mittlerweile hatte der Baron auch neun europäische Mitreisende gewonnen, denen verschiedene Aufgaben zugewiesen wurden. Dies waren durchweg junge, unternehmungslustige Leute – Offiziere, Akademiker und Handwerker –, von denen einige durchaus auch auf finanziellen Gewinn ihrer Teilnahme an der Expedition hofften: der österreichische Kapitän von Schickh, der ebenfalls österreichische Maschinenmeister Kanter, der Expeditionsarzt Dr. Linck, der Expeditionsmaler Trenn, der Waffenmeister Brenner, der Feuerwerker Deppe, der Expeditionskoch Theiß sowie der Maschinist Hitzmann und der Tischler Bringmann.

Der preußische Militärarzt Linck aus Danzig sollte über seine medizinischen Dienste hinaus auch naturkundliche Sammlungen anlegen und wissenschaftliche Beobachtungen anstellen: *Wissensdurst trieb ihn und wohl auch die Hoffnung, in solcher Stellung Etwas für die Seinen zu erübrigen, welche durch ein schweres Augenleiden seines Vaters hilfsbedürftig geworden.*[16] Auch der Maler Eduard Trenn aus Görlitz erhoffte sich mit der Anstellung beim Baron finanzielle Mittel, *mit denen er die sich mühsam durch das Leben schlagenden Seinigen unterstützen konnte.*[17] Trenn freute sich auf die wundervolle Natur der Tropen,

---

15 Beck 1971, S. 265.
16 Baron von der Decken 1871, S. 392.
17 Baron von der Decken 1871, S. 390.

war jedoch später enttäuscht von den einförmigen Uferwäldern und Grasebenen am Juba, die ihm wenig attraktive Motive boten.

Von der Decken hatte sich zudem bemüht, von Seiten verschiedener Regierungen diplomatisch-politische und praktische Unterstützung seiner Expedition zu erhalten. Infolge seiner adligen Herkunft und weitläufigen Beziehungen war er dabei recht erfolgreich. Als besonders hilfreich erwies sich England. Dessen Admiralität *erließ an die in ostafrikanischen Gewässern kreuzenden Kriegsschiffe Befehl zu kräftiger Unterstützung des Reisenden, ordnete sogar an, dass ein Staatsschiff den Dampfer des Barons bei seinem Aufbruch von Sansibar geleite.*[18]

Als Ausgangsort und logistische Basis für die Decken'sche Expedition war, wie für viele andere Forschungsunternehmungen in Ostafrika auch – z.B. die Reise der englischen Forscher Burton und Speke 1857/58 zur Entdeckung der Nilquellen –, die Insel Sansibar vor der ostafrikanischen Küste vorgesehen. Auch dort musste sich der Baron daher in besonderer Weise um die Unterstützung der lokalen Autoritäten bemühen. Doch leider war das Verhältnis von der Deckens zum damaligen Sultan von Sansibar, Sayyed Majid, den er von früheren Aufenthalten kannte, eher getrübt, da ihn dieser beschuldigte, gegen den Islam zu agitieren, und ihm allerhand Schwierigkeiten bereitete. Dennoch erhielt von der Decken *von ihm durch Vermittlung der englischen und hanseatischen Konsuln […] immer bereitwilligst Briefe für die Statthalter des Küstenlandes, auf welches hauptsächlich sich die Macht dieses Fürsten erstreckt.*[19]

Im 18. Jahrhundert hatten die Araber die ostafrikanischen Küstenregionen mit den Siedlungen und Städten der Suaheli (arab. »Küstenbewohner«) erobert, einer muslimisch geprägten Mischbevölkerung aus afrikanischen sowie arabischen, persischen und indischen Elementen. Die Blütezeit der kosmopolitischen Suaheli-Kultur, deren ökonomische Basis der maritime Fernhandel in der Indik-Region war, lag zwischen dem 12. und 15. Jahrhundert. Im 19. Jahrhundert gründeten dann Araber aus Oman das Sultanat Sansibar und machten die gleichnamige Insel zum politischen und wirtschaftlichen Zentrum eines Handelsimperiums. Dessen wichtigste Handelsprodukte waren Sklaven und Elfenbein, die aus dem Inneren Ostafrikas nach Sansibar gebracht und von dort weiter nach Arabien sowie nach Süd- und Ostasien verschifft wurden.[20] Mitte des 19. Jahrhunderts galt Sansibar als der größte Handelsplatz für Sklaven am Indischen Ozean. Zudem exportierte Sansibar auch Gewürznelken, die der omanische Sultan Sayyid Said (1806–

18 Baron von der Decken 1871, S. 259.
19 Petermann 1866, S. 76.
20 Nebel 1988.

Stadtviertel Malindi. Paläste des Sultahns. Zollhaus.

Sansib

O'Swald u. Co.   Englisches Consulat.   Englische Mission.

1856) auf die Insel gebracht hatte. Der florierende Handel Sansibars zog zunehmend auch Kaufleute aus europäischen Staaten an, die mit den sansibarischen Sultanen Handelsverträge abschlossen. Im Oktober 1856 wurde Sayyed Majid zum Sultan von Sansibar (und Oman) proklamiert, der sich jedoch erst mit Hilfe der Engländer gegen rivalisierende Thronaspiranten durchsetzen konnte.

Mit der Überführung der gesamten Ausrüstung, der Kohlevorräte als Feuerungsmittel für die Dampfer und der in Komponenten zerlegten beiden Dampfboote der Expedition nach Sansibar wurde das Hamburger Kolonialhandelshaus Wm. O'Swald & Co. beauftragt, das bereits seit 1848 dort ansässig war und über beste Beziehungen zum herrschenden Sultan verfügte. Am 28. Juli 1864 verließ dessen Bark NEW ORLEANS, die von der Decken zum Preis von 6600 Talern angemietet hatte, mit dem Gros der Expedition den Hafen von Hamburg, während der Baron bereits eine Woche zuvor von Triest aus Europa verlassen hatte und über Kairo, Suez, Aden, Mauritius und die Seychellen am 2. Oktober Sansibar erreichte.

Nachdem die NEW ORLEANS infolge widriger Winde erst später als geplant in Sansibar eintraf und eine Reihe von technischen Vorbereitungen getroffen werden mussten, konnte erst am 18. Dezember 1864 mit dem Aufbau des WELF begonnen werden. Von großem Wert erwiesen sich dabei englische und französische Handwerker, die von anwesenden Kriegsschiffen zur Hilfeleistung beordert worden waren. Rasch hingegen gelang die Zusammensetzung des PASSEPARTOUT, der schon am vierten Tag nach seiner Ankunft erste Probefahrten im Hafen von Sansibar unternahm. Übrigens wurde der damalige Sultan von Sansibar, Sayyed Majid, durch den Aufbau des WELF dazu angeregt, sich über das Handelshaus O'Swald & Co. bei der Reiherstieg-Werft in Hamburg ebenfalls einen Dampfer bauen zu lassen, das Schraubenschiff STAR (Bau-Nr. 165; 32,0 m lang; 6,1 m breit; 50 Psn).[21]

Große Probleme gab es bei der Rekrutierung einer fähigen und zuverlässigen Schiffsmannschaft. Man brauchte Heizer, Matrosen, Steuerleute, Köche und Diener. Insgesamt zählte die Schiffsmannschaft bei ihrer Abfahrt von Jumbo an der Mündung des Juba neunundzwanzig afrikanische und asiatische Mitglieder. Zu diesen gehörten neben den auf Sansibar angeheuerten Leuten auch noch weitere vor Ort rekrutierte Personen, darunter ein Somali, der das wichtige Amt eines »Abani« oder »Abaan« (Schutz- und Geleitmanns) der Expedition ausüben sollte. Die sog. Abaans, Mittelsmänner der Somali, hatten eine wichtige Funktion im Karawanenhandel des ostafrikanischen Hinterlandes. Sie stellten die Karawanen unter den Schutz ihrer lokal dominierenden Clangruppe, um die Händler und ihre Waren vor Überfällen zu bewahren. Für diese Dienstleistung wurden sie von den Händlern entlohnt. Doch manchmal sollen solche Abaans die Karawanenführer auch betrogen oder selbst Überfälle angestiftet und organisiert haben.

---

21 Kresse 1966, S. 38.

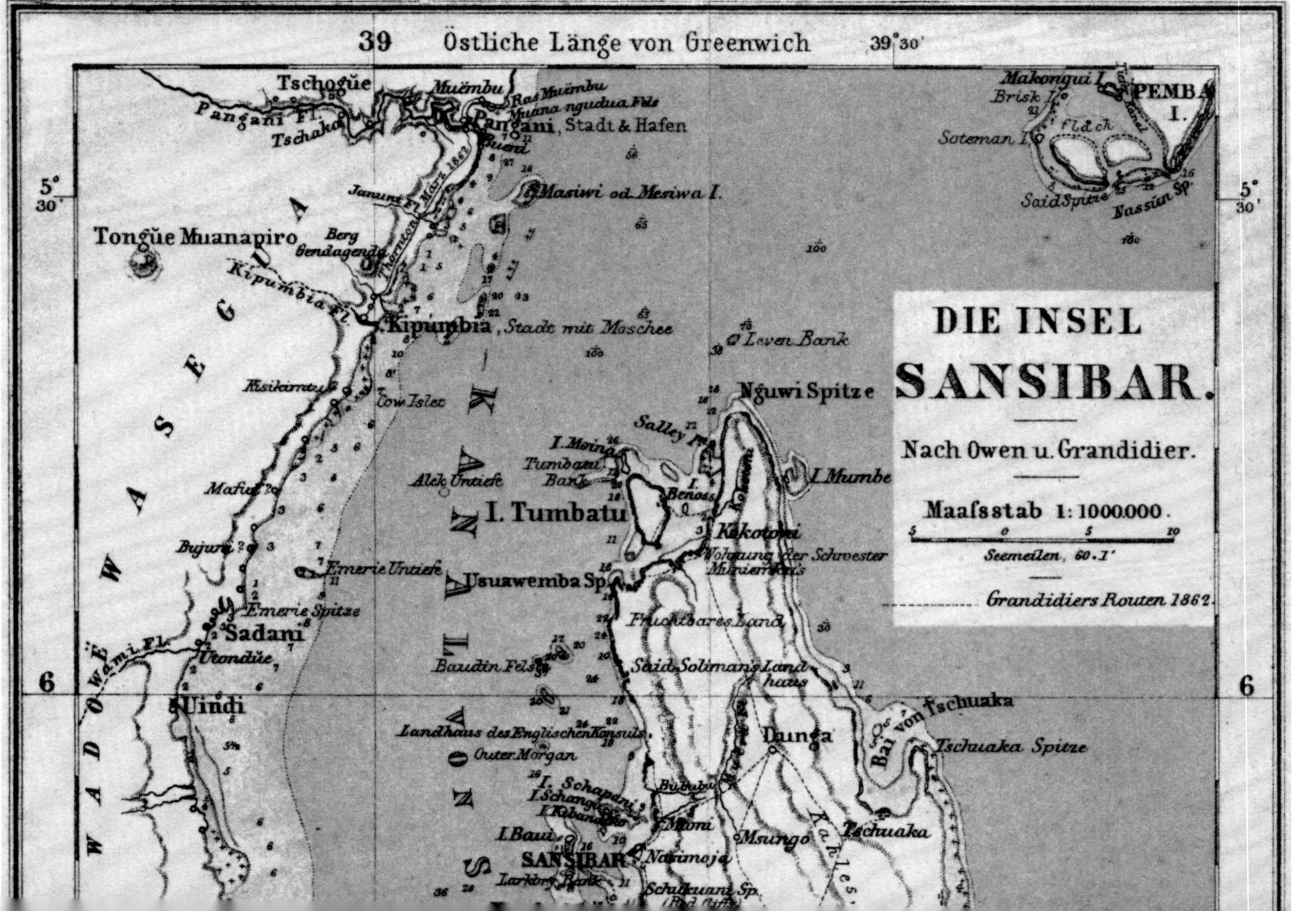
39
Östliche Länge von Greenwich
39° 30'
5° 30'
6
DIE INSEL
SANSIBAR.
Nach Owen u. Grandidier.
Maafsstab 1:1000000.
Seemeilen, 60.1°
Grandidiers Routen 1862.
Tschogüe
Pangani Fl.
Muëmbu
Ras Muëmbu
Pangani, Stadt & Hafen
Masiwi od. Mesiwa I.
Tongüe Muanapiro
Berg Gendagenda
Kipumbia Fl.
Kipumbia, Stadt mit Moschee
Leven Bank
Nguwi Spitze
Cow Islet
Salley Pt.
I. Msina
Tumbatu Bank
Alek Untiefe
I. Tumbatu
I. Mumbe
Kokotoni
Emerie Untiefe
Usuawemba Sp.
Emerie Spitze
Sadani
Uondüe
Uindi
Wami Fl.
Fruchtbares Land
Baudin Fels
Said Solimans Landhaus
Landhaus des Englischen Konsuls
Outer Morgan
Dunga
Bai von Tschuaka
Tschuaka Spitze
Tschuaka
I. Schapani
I. Baui
SANSIBAR
Msungo
Makongui I.
Brisk I.
Soteman I.
PEMBA I.
Said Spitze
Nassian Sp.
W A S E G U A
K A N A L
V O N
S
W A D O E

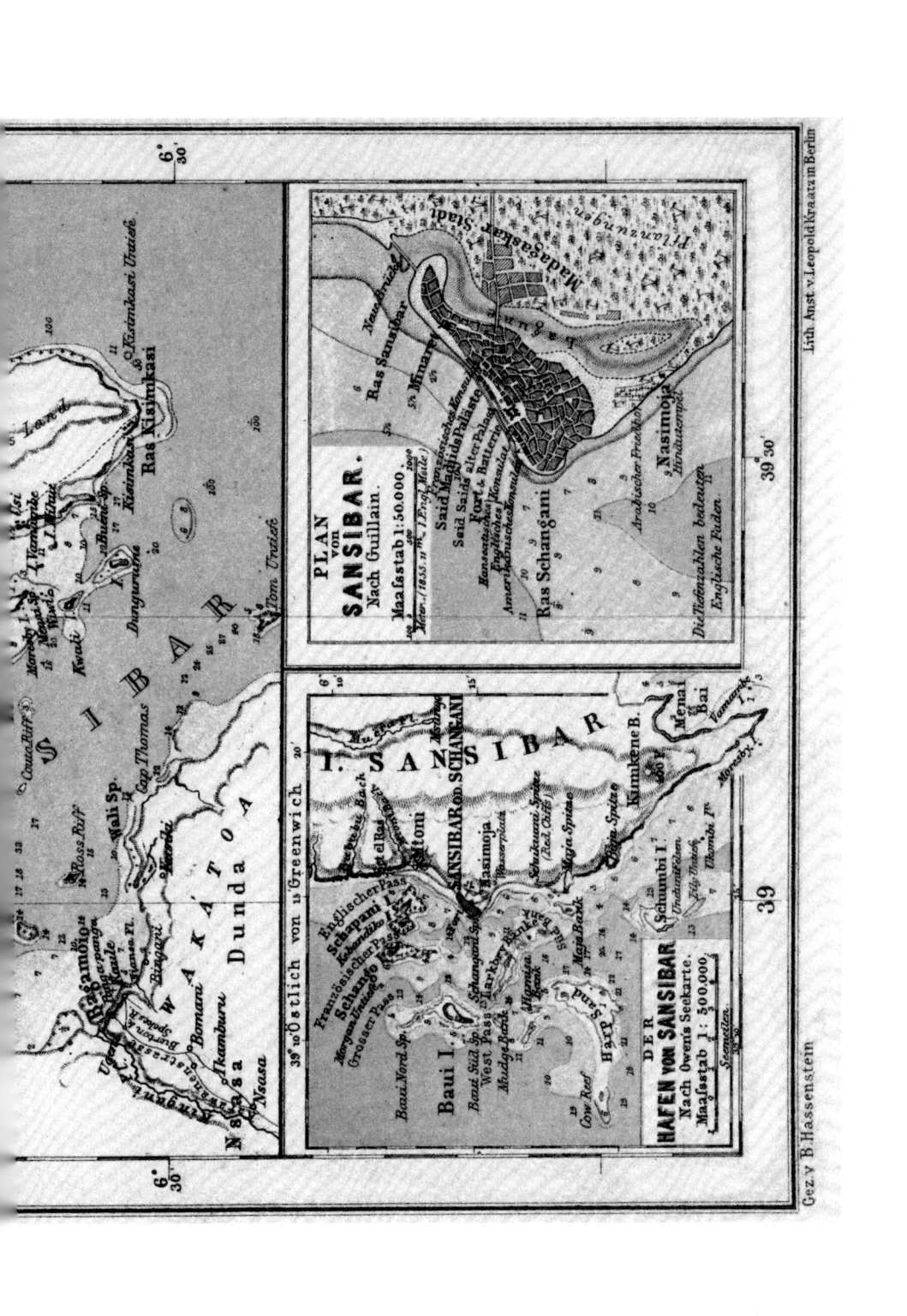

PLAN
von
SANSIBAR.
Nach Guillain.
Maafsstab 1:50.000.

Die Tiefenzahlen bedeuten
Englische Faden.

DER
HAFEN VON SANSIBAR.
Nach Owens Seekarte.
Maafsstab 1:500.000.

Gez.v.B.Hassenstein   Lith.Anst.v.Leopold Kraatz in Berlin

Anfang September des Jahres 1863 in Europa angekommen, gin
Baron von der Decken, nachdem er seiner Familie kaum einig
Tage gewidmet, unverweilt an die Besorgung seiner Reiseangelegen
heiten. Fast fortwährend war er unterwegs, bald in Berlin un
Hamburg, bald in Wien, Triest, Paris oder London, und währen
der ganzen Dauer seiner Anwesenheit verweilte er an keinem Ort
länger als zehn Tage.

Bericht der Expedition[22]

Vorbereitungen

Anfang September des Jahres 1863 in Europa angekommen, ging Baron von der Decken, nachdem er seiner Familie kaum einige Tage gewidmet, unverweilt an die Besorgung seiner Reiseangelegenheiten. Fast fortwährend war er unterwegs, bald in Berlin und Hamburg, bald in Wien, Triest, Paris oder London, und während der ganzen Dauer seiner Anwesenheit verweilte er an keinem Orte länger als zehn Tage.

Deckens erste Sorge galt der Beschaffung eines für Flussfahrten geeigneten Dampfschiffes, welche bisher, trotz aller Mühen seines Bruders, nicht hatte gelingen wollen. Keine der befragten Werkstätten wollte auf die Absichten des Reisenden eingehen, und erst nach langen Verhandlungen erklärte sich eine Hamburger Firma, die Reiherstieg-Schiffswerft, bereit, den Bau zu übernehmen, freilich nach verändertem Plane: sie verpflichtete sich, bis Mai 1864 ein eisernes Räderdampfschiff von 119 engl. Fuß Länge, 15 Fuß Breite und 3 Fuß Tiefgang, versehen mit einer Niederdruckmaschine von 45 Pferdekraft, zu liefern.

Nächstdem war es von Wichtigkeit, tüchtige Gefährten für das neue Unternehmen zu finden. Dieses glückte bei der bekannten Reiselust unserer Landsleute verhältnismäßig schnell. Es wurden bis Frühjahr 1864 neun Mitglieder gewonnen, denen sich aus Jagdliebhaberei der auch in weiteren Kreisen bekannte Sportsmann Graf Götzen aus Breslau anschloss, nämlich:

22 Der Text folgt dem Originalbericht. Textauszeichnungen und Rechtschreibung wurden zum Zwecke besserer Lesbarkeit vorsichtig heutiger Gewohnheit angepasst, Schiffsnamen in Kapitälchen gesetzt. Erläuterungen finden sich in Form von Fußnoten und in eckigen Klammern in den Text eingefügt.

Der k.k. Linienschiffsleutnant Ritter Karl v. Schickh aus Wien. Von Sr. Majestät dem Kaiser von Österreich unter den günstigsten Bedingungen auf drei Jahre beurlaubt, war dieser tüchtige Seeoffizier sogleich nach Hamburg geeilt, um den Bau des Dampfers zu überwachen. Dort wohnte er Monate lang, besuchte täglich die Reiherstieg-Schiffswerft und lernte jeden Teil des Schiffes kennen, welches er später in Sansibar wieder zusammensetzen und danach in unbekannte Gewässer führen sollte. Auf früheren Reisen hatte er die Küsten von Syrien und Kleinasien besucht, war also schon einigermaßen vertraut mit den Sitten und Anschauungen des Morgenlandes; außerdem wusste er in astronomischen Beobachtungen trefflich Bescheid.

Der Doktor der Medizin Hermann Linck aus Danzig, bisher preußischer Militärarzt. Er hatte gleichfalls von seiner Regierung einen dreijährigen Urlaub erhalten und wollte, außer in seinem Berufe, durch Sammeln botanischer und zoologischer Gegenstände sowie durch Teilnahme an wissenschaftlichen Beobachtungen aller Art sich nützlich machen. Die ihm vor der Abreise verbleibende Zeit verwendete er auf eingehende Vorbereitung für sein neues Amt, namentlich auch auf die Auswahl einer vorzüglichen Ausrüstung, wobei ihn erfahrene Berufsgenossen, vor allen der Afrikareisende Dr. Hartmann und der Generalstabsarzt Dr. v. Langenbeck unterstützten.

Maler Eduard Trenn aus Görlitz, welchen der längst von ihm gehegte Wunsch, entlegene Länder zu sehen und ihre Wunder mit Stift und Farbe darzustellen, zur Teilnahme bewogen hatte. Der Gedanke, einen Maler mitzunehmen, war dem Baron beim Durchwandern des Dschaggalandes gekommen, wo er, im Anblicke der prächtigen Szenerien, sich oft ein künstlerisches Auge und kunstgeübte Hand gewünscht hatte, damit auch die Freunde in der Heimat eine würdige Vorstellung von den Schönheiten afrikanischer Natur bekämen.

Der Maschinenmeister der k.k. österreichischen Marine Nikolaus Kanter aus Wien, ein erfahrener Ingenieur, unter gleichen Bedingungen wie Schickh beurlaubt. Er sollte die Oberaufsicht über das Maschinenwesen führen und unter den Eingebornen die nötigen Leute für diesen Dienst heranbilden.

Der Forstmann Richard Brenner aus Merseburg, ein von Jugend auf für das Reisen begeisterter, tatkräftiger Mann. Mit dem Baron schon kurze Zeit nach dessen Rückkunft von Afrika in nähere Berührung gekommen, begleitete er diesen auf seinen vielfachen, im Interesse der Expedition unternommenen Fahrten durch Mitteleuropa und übernahm später die Stellung eines Präparators und Waffenmeisters.

Feuerwerker Albert Deppe aus Göttingen, welcher bisher in der damals königlich hannöverschen Artillerie diente und auf sein Ansuchen durch Deckens Vermittlung aus der Armee entlassen wurde mit dem Rechte des Wiedereintritts nach erfolgter Rückkehr. Seine Aufgabe sollte, abgesehen von dem Geschützdienst auf dem Dampfer, hauptsächlich darin bestehen, die im Lande anzuwerbende Schiffsmannschaft in der militärischen Ordnung und im Gebrauche der Feuerwaffen auszubilden. Da er tüchtige Kenntnisse in der Mathematik besaß, so dass er sogar an der Kadettenschule zu Hannover in diesem Fache Unterricht erteilt hatte, versprach er, auch bei wissenschaftlichen Beobachtungen und Berechnungen ein tüchtiger Gehilfe zu werden; […]

Der Koch Karl Theiß aus Oldenburg. Als leidenschaftlicher Jäger, und getrieben von der Sehnsucht, fremde Länder zu sehen, hatte er gleich nach Bekanntwerden der neuen Pläne des Barons seine Dienste angeboten. Sein Wunsch wurde erfüllt; denn … namentlich jetzt, da die Reisegesellschaft so stark geworden, erschien es unumgänglich notwendig, Jemand zu haben, dessen ausschließliches Amt es war, für des Leibes Nahrung und Notdurft zu sorgen. […] Dazu besaß er eine bemerkenswerte Bildung und Umgänglichkeit, große Fertigkeit im Französischen und war ein guter Schütze, alles Eigenschaften, welche ihn zu einem Reisegefährten sehr empfahlen.

Der Maschinist Hitzmann aus Linden bei Hannover und der Tischler Bringmann aus Zellerfeld im Harz. Beide reiselustige junge Leute sollten eigentlich nur beim Aufbau des WELF in Sansibar beschäftigt werden, konnten jedoch, obgleich der Baron sie von den Gefahren und Beschwerden der Reise genugsam unterrichtete, sich nicht entschließen, von jener Insel aus zurückzukehren, ohne das geheimnisvolle Festland gesehen zu haben, und wurden nach ihrem Wunsche gleichfalls als vollgültige Mitglieder aufgenommen. Auch ihnen ward der Eintritt in die Reiherstieg-Schiffswerft vermittelt, so dass sie bei dem Bau des Expeditionsdampfers schon von Anfang an mit Hand anlegen konnten.

Wie sich denken lässt, versäumte von der Decken nicht, sich der Unterstützung seiner Pläne seitens der Regierungen zu versichern. Außerordentlich freundliches Entgegenkommen fand er namentlich in England. Die englische Admiralität erließ an die in den ostafrikanischen Gewässern kreuzenden Kriegsschiffe Befehl zu kräftiger Unterstützung des Reisenden, ordnete sogar an, dass ein Staatsschiff den Dampfer des Barons bei seinem Aufbruche von Sansibar geleite. Die Londoner Geographische Gesellschaft bezeugte ihre Teilnahme für sein Unternehmen in glänzender Weise, indem sie ihm »für den geführten Beweis der

Existenz von schneebedeckten Bergen in Ost-Afrika« die große goldne Medaille verlieh, eine Ehre, welche bis dahin nur wenigen Deutschen zu Teil geworden war. Diese hohe Auszeichnung betrachtete der Reisende indessen mehr als eine Vorausbelohnung für Dienste, welche die Erdkunde von ihm noch zu erwarten hätte, und fühlte sich demnach nicht wenig zum Ausharren in der Durchführung seiner Pläne ermutigt. So viel wir wissen, bekam Decken endlich von der indischen Regierung einige Kanonen für sein Schiff geschenkt.

Auch in Frankreich erlangte er Wichtiges. Der Kaiser selbst beschäftigte sich eingehend mit der Angelegenheit und verordnete, dass den Vertretern Frankreichs in jenen Gegenden das Unternehmen des Reisenden zu tunlichster Förderung warm empfohlen werde.

Nicht minder tätigen Anteil nahm der Kaiser von Österreich. Er gewährte den beiden Seeoffizieren, welche sich zum Anschluss an die Expedition gemeldet hatten, einen dreijährigen Urlaub der Art, dass sie während ihrer Abwesenheit ihr volles Gehalt bezogen und zugleich in der Reihe blieben beim Aufrücken zu höherer Stellung.

Der preußische Staat war damals nicht in der Lage, mehr zu gewähren als den Urlaub Dr. Lincks; hatte er doch schon früher ein Anerbieten des Barons, die Summe von 100,000 Talern zu zahlen, wenn man ihm einen geeigneten kleinen Kriegsdampfer auf drei Jahre für seine Forschungen zur Verfügung stellen wolle, zurückweisen müssen, um sich nicht Verwicklungen zu bereiten.

Ebenso vermochte Deckens engeres Vaterland, Hannover, im Vergleich zu England und Frankreich nur wenig zu bieten. König Georg, welcher den Reisenden von frühester Jugend gekannt und den Unternehmungen desselben stets große Teilnahme gewidmet hatte, erteilte ihm indessen die Erlaubnis, auf dem Dampfer der Expedition die hannöversche Kriegsflagge zu führen, und sorgte zugleich in sehr dankenswerter Weise für Bewaffnung des Schiffes und der Mannschaft, indem er aus dem Bestande des Zeughauses zu Hannover ein sechspfündiges bronzenes Geschütz sowie eine größere Anzahl Musketen, gezogene Karabiner, Pistolen, Säbel, Raketen und fertige Munitionsgegenstände unter sehr billigen Bedingungen überließ. In dankbarer Anerkennung alles dessen erbat sich der Reisende die Erlaubnis, seinem Flussdampfer nach dem hannöverschen Herrscherhause den Namen »Welf« beilegen zu dürfen, was auch gnädigst genehmigt wurde.

Als der eiserne Rumpf des WELF, nur leicht durch Schrauben zusammengehalten, auf der Werft der Erbauer fertig dastand, drängte sich die Befürchtung auf, dass der Dampfer für seinen Zweck – die Befahrung

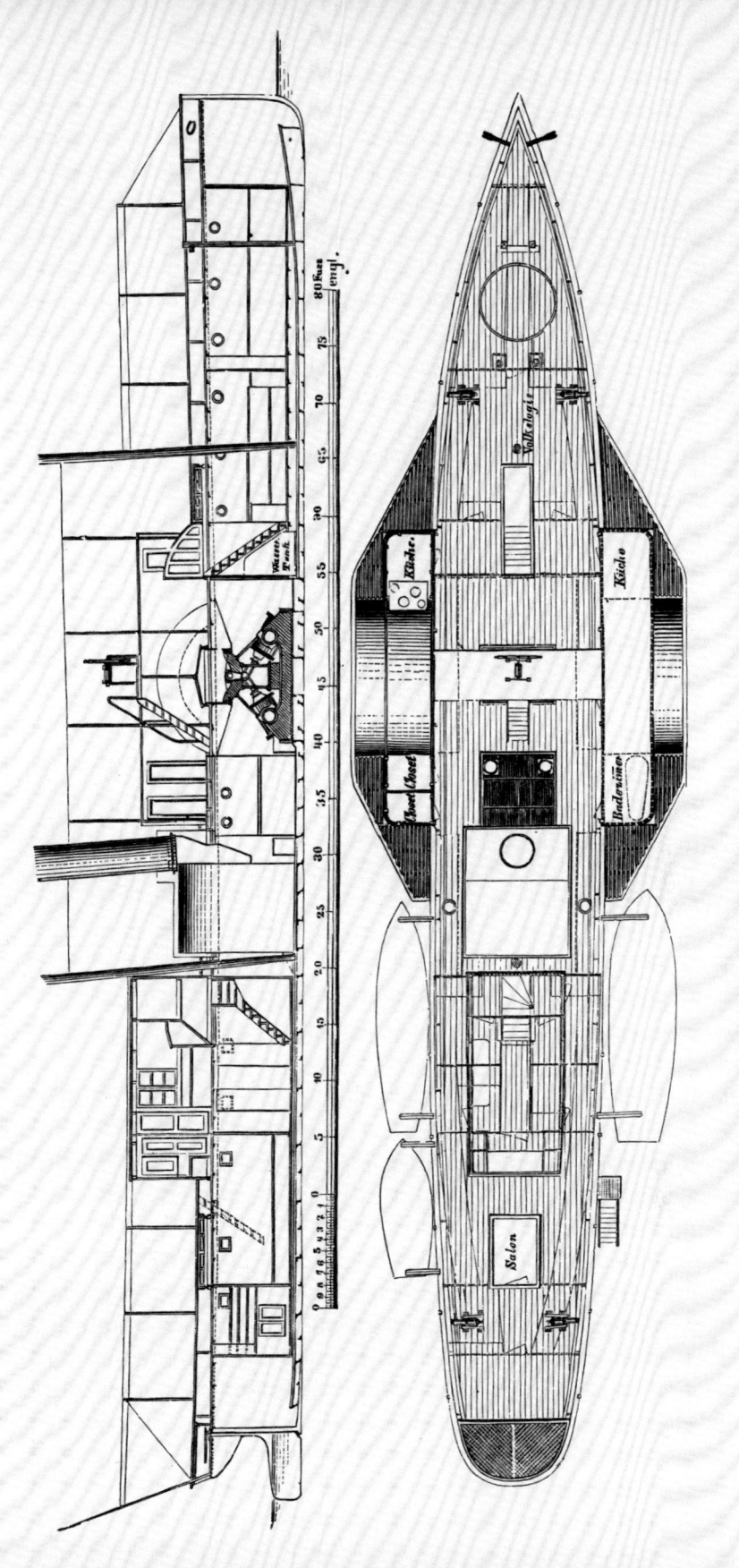

Grundriß und Durchschnitt des v. d. Decken'schen Flußdampfers „Welf".

nicht allzu bedeutender Flüsse – doch etwas zu groß sein könne; deshalb wurde nach schnell gefasstem Entschlusse noch ein zweites, kleineres Dampfboot von 28 Fuß Länge bei 1 Fuß Tiefgang bestellt, mit einer Schraube, welche, durch eine Maschine von 6 Pferdekraft getrieben, eine stündliche Geschwindigkeit von 6 bis 7 Meilen ermöglichte. Die Schiffsbauanstalt der Herren Schmylinski & Co.[23] in Hamburg und eine Magdeburger Maschinenwerkstätte führte den ihr erteilten Auftrag in solcher Schnelle aus, dass noch vor der Abreise eine Fahrprobe stattfinden konnte. In Anbetracht seiner Bestimmung, »weiter zu dringen, wenn der WELF den Dienst versagte«, erhielt der kleine Dampfer den bedeutsamen Namen PASSEPARTOUT.

Zur Überführung der sämtlichen für die Ausrüstung der Expedition bestimmten Sachen war das neue Hamburger Barkschiff NEW-ORLEANS der Herren O'Swald & Co. zu dem Preise von 6600 Talern gemietet worden. Dieses nahm zunächst eine bedeutende Menge Steinkohlen als Feuerungsmittel für beide Dampfer ein, dann die Rippen, eisernen Platten und Holzgegenstände des WELF, den in drei Teilen zerlegten PASSEPARTOUT und drei hölzerne Boote, ferner alle denkbaren Ausrüstungsgegenstände, als Nägel und Schrauben, Farben und Pinsel, Instrumente und Waffen, Nahrungsmittel, Wein und Kleider in mehreren hundert Kisten, eine vollständige Ladung für das gegen 300 Tons tragende Schiff. Der Wert der gesamten Ausrüstung, die beiden Dampfer inbegriffen, betrug über 40,000 Taler.

Ende Juli 1864 war herangekommen, ehe alles zur Abreise fertig war. Am 28. verließ die NEW-ORLEANS mit dem Gros der Expedition den Hafen von Hamburg; eine Woche vorher hatte der Baron mit Graf Götzen, denen Herr von Schickh einige Tage darauf nachfolgte, von Triest aus Europa verlassen, um Sansibar auf näherem Wege zu erreichen.

In Alexandria stattete Decken dem gerade anwesenden Vizekönig einen Besuch ab in der Hoffnung, eine Anzahl abgehärteter ägyptischer Soldaten zur Unterstützung seines Unternehmens erhalten zu können; die Verhandlungen führten jedoch zu keinem Erfolge. […]

[Von der Decken reiste über Kairo, Suez und Aden nach Mauritius und den Seychellen, von wo aus das englische Kriegsschiff LYRA ihn und seine Begleiter nach Sansibar brachte.]

Es war gerade am Sonntag, als früh gegen 10 Uhr die LYRA im Hafen von Sansibar vor Anker ging. Schreiber dieses[24], welcher seit seiner Rückkehr von Großkomoro sich mit Anlegen von Sammlungen, mit Sprachstudien und Photographieren beschäftigt und in der letzten Zeit ein großes Haus … für Aufnahme der Expedition in baulichen Zustand versetzt hatte, war hocherfreut, seinen vortrefflichen Chef nach so langer Trennung wieder zu sehen und zugleich die ersten seiner künftigen Gefährten begrüßen zu können.

Die Zeit, zu welcher die NEW-ORLEANS hätte ankommen können – man rechnet für ein gut segelndes Hamburger Schiff gewöhnlich neunzig Reisetage – war seit Wochen verstrichen; alle Vorbereitungsarbeiten, deren wichtigste die Herrichtung eines geeigneten Platzes für den Aufbau des WELF, waren geschehen, und noch blieb jede Nachricht aus. […]
Um die Qual des Wartens weniger fühlbar zu machen, unternahmen wir endlich einen mehrtägigen Ausflug in das Innere der Insel … Einer von uns äußerte im Scherz, die NEW-ORLEANS würde, da wir uns entfernt hätten, nun sicherlich bald eintreffen; und so geschah es auch, denn kaum waren einige Tage vergangen, als ein eilender Bote uns das frohe Ereignis meldete. […] Fortwährende widrige Winde hatten die lange Dauer der Reise verursacht …

Vierundzwanzig Tage nahm die Ausladung der Schiffsgüter in Anspruch. Am meisten Umstände verursachten die beiden Kessel des WELF, welche man den ungeübten Händen der Eingeborenen nicht anvertrauen wollte und deshalb unmittelbar von der NEW-ORLEANS auf eine Fregatte des Sultans brachte, von wo sie der WELF nach seiner Vollendung selbst aufnehmen sollte. Unter Leitung der Europäer war ein lärmendes Heer von Negern von früh bis abends vor und in dem Hause beschäftigt. Während die Einen räumten, richteten Andere im Erdgeschosse Werkstätten für Maschinisten und Zimmerleute ein, legten aus dicken vierkantigen Balken einen sanft geneigten Grund für den Aufbau des WELF, oder arbeiteten vor tragbaren Feldschmieden an der Wiederherstellung schadhaft gewordener Eisenteile; wieder Andere beschäftigten sich mit der Ordnung in Zimmern und Kammern.
Bevor man dies alles vollendet und den Wirtschaftsgegenständen die passende Aufstellung erteilt hatte, war an eine strenge Hausordnung nicht zu denken, schon deswegen nicht, weil die meisten der neu Angekommenen, welche an O'Swalds gastlichem Tische nicht Platz fanden, zu Mittag und Abend fern vom Hause bei dem französischen Koch, Bäcker, Schlächter, Gastwirt und Schiffsprovisionshändler Charles essen mussten. Später hörte dieses auf, und die ganze Reisegesellschaft lebte zusammen wie eine große Familie, alle ihre Bedürfnisse im eigenen Hause befriedigend. Die Zeiteinteilung war folgende: für diejeni-

23 Richtig: Schmilinsky & Co.
24 Gemeint ist Otto Kersten.

gen, welche bei der Aufstellung des Dampfers tätig waren, dauerte die Arbeit früh von 6–11 Uhr und Nachmittags von 2–6 Uhr; die heißen Mittagsstunden wurden zur Ruhe und zur Einnahme eines kräftigen Mahles benutzt, welchem in der Abendkühle eine zweite warme Mahlzeit folgte. Wir anderen richteten uns nach eigenem Ermessen ein und tafelten, nebst Herrn von Schickh, unter dem Vorsitze des Barons zu den von früher her gewohnten Stunden, um 9 und 4 Uhr.

Am 18. Dezember endlich konnte mit der Aufstellung des WELF begonnen werden. Der unmittelbar vor dem Hause liegende Bauplatz war außerordentlich geeignet hierfür, da er bei Hochwasser fast ganz überflutet, gegen den allzu starken Anprall der Wogen aber und gegen Wegspülen des Sandes, auf welchem der Grund lag, durch einen Pfahlzaun geschützt wurde. Sobald am frühen Morgen der helle Ton der Hausglocke erschallte, entwickelte sich ein lebensfrohes Bild am Strande. Von nah und fern, vom Haus und aus der Stadt, kamen schwarze Gehilfen herbei, und unter sie verteilten sich, das Ganze überwachend und selbst mit Hand anlegend, die Mitglieder der Expedition; diesen wiederum schlossen sich englische und französische Handwerker an, welche von anwesenden Kriegsschiffen zur Hilfeleistung beordert worden waren, anfangs von der stattlichen Korvette ORESTES durch Kapitän Gardener, dann von den englischen Kanonenbooten LYRA, WASP, PENGUIN und RAPID, endlich von der französischen Korvette LOIRET, denen Allen wie auch der Maschinenwerkstätte der französischen Mission der wärmste Dank für ihre überaus freundliche Unterstützung bei der mühsamen Arbeit gebührt. Lautes Hämmern und Pochen ertönte vom Stapel her, in den Feldschmieden flackerten lustige Feuer, schweißtriefende Neger schleppten, taktmäßig singend, neue Schiffsteile herbei oder liefen mit glühenden Nieten nach den Spanten, an denen bereits Deckplatten befestigt wurden. Das geräuschvolle Schauspiel übte auf die Einwohner von Sansibar und die zahlreich anwesenden Fremden eine gewaltige Anziehungskraft aus; sahen sie doch hier zum ersten Male eines der wunderbaren Merkabu ja moschi oder »rauchenden Schiffe« vor ihren Augen entstehen! Kopf an Kopf umgaben die Zuschauer den Platz, so lange sie nicht von den arbeitsamen Männern zur Seite gedrängt wurden; fast alle Rassen der Küstenländer hatten ihre Vertreter hier, welche dann später den staunenden Stammesgenossen in der Ferne die wundersame Mär hinterbringen mussten. In abendlicher Stille aber, wenn der Bauplatz von jenen verlassen war, erschienen andere Neugierige – arabische Frauen, welche bei Tage das Haus nicht verlassen durften und doch die seltene Gelegenheit, etwas so Merkwürdiges zu sehen, nicht unbenutzt lassen mochten; sie waren sogar noch

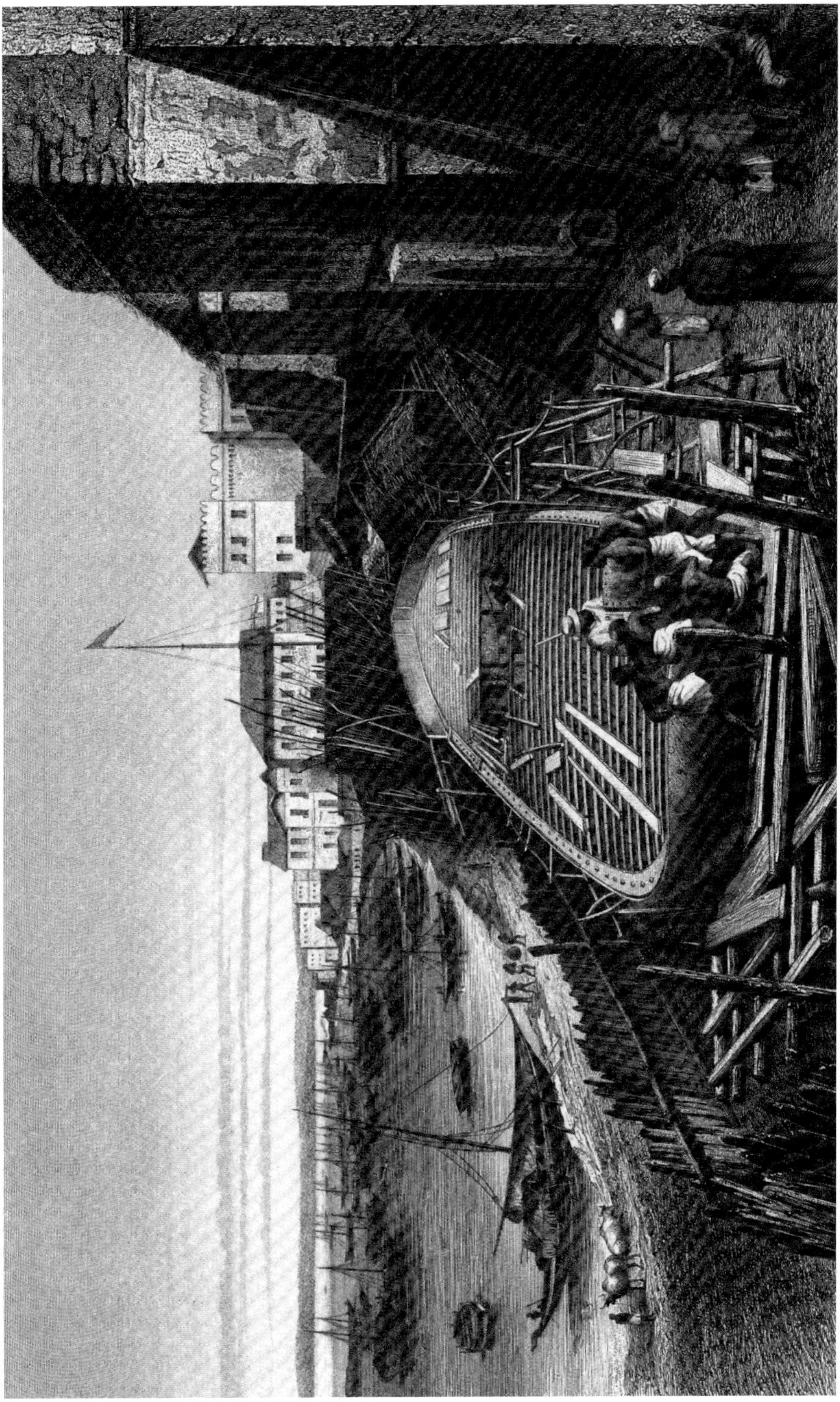

neugieriger als die zumeist weit gereisten und welterfahrenen Zuschauer des Tages, denn bisweilen, wenn eine Leiter stehen geblieben, konnte man sehen, wie einzelne vermummte Gestalten empor kletterten und in den Bauch des Schiffes hinab stiegen, jedenfalls ohne zu ahnen, welchen Schabernack ihnen ein Mutwilliger durch Abschneiden des Rückzugs hätte spielen können.

Noch nie vielleicht war die Ausdauer einer Reisegesellschaft noch vor dem eigentlichen Beginn des Unternehmens auf so harte Probe gestellt worden, wie es bei der ostafrikanischen Expedition von der Deckens der Fall war. […] Wohl mancher bereute abends, wenn er aus dem stickend heißen Rumpfe des Schiffes kroch, den voreiligen Entschluss, welcher ihn vor langen Monaten aus Europa getrieben; nach der gemeinsamen Mahlzeit aber, wenn er auf dem platten Dache des Hauses halb träumend die Kühle der Nacht genoss und in der Pracht des tropischen Himmels schwelgte, mehr noch am Morgen, wenn er, erquickt vom nächtlichen Schlummer, an den sonnigen Strand hinaustrat – bei Beginn der neuen Arbeit drückte dieser Gedanke ihn nicht mehr, voll neuen Muts tat er von Neuem willig seine Pflicht, er musste sich sagen, dass, je eher der Dampfer fertig war, desto eher die Reise beginnen könne, auf welche er sich so lange gefreut. Es kann in der Tat nicht genug anerkannt werden, in wie aufopfernder Weise ein jeder seiner Arbeit oblag, allen voran aber an Ausdauer und Umsicht der künftige Führer des Dampfers, Herr von Schickh, von welchem der Baron öfters äußerte, »dass er Goldes wert sei« und »dass ohne ihn das Schiff nicht fertig geworden wäre«. […]

Die Flüsse der Formosabai

Verhältnismäßig mühelos war die Zusammensetzung des PASSEPARTOUT, denn schon am vierten Tage nach seiner Ankunft schwamm er auf dem Wasser. Eine Gelegenheit, seine Leistungen zu zeigen, bot sich ihm bald. Wir meinen hiermit nicht seine erste Fahrt im Hafen von Sansibar, bei welcher er sich allerdings trefflich bewährte und Tausende von Zuschauern an den Strand lockte, die ihn mit schallendem Jubel begrüßten, wo er sich nahte – sondern eine ernstlichere Probe, eine wirkliche kleine Forschungsreise, eine Fahrt zur Untersuchung der Flüsse Osi und Dana in der Formosabai. Es war in den ersten Tagen des Februar 1865; die französische Korvette LOIRET hatte von Sansibar aus einen Abstecher nach Norden, nach der unter 2½ Grad südlicher Breite liegenden Insel Lamu zu machen; ihr Kapitän Bigrel erklärte sich in freundlichster Weise bereit, den Passepartout nebst einer kleinen Reisegesellschaft nach der Formosabai mitzunehmen und auf der Rückfahrt von Lamu wieder abzuholen. Doktor Linck und Brenner waren die Glücklichen, welche der Baron zu seinen Begleitern aussah; der Maler musste zu seinem Leidwesen zurückbleiben, da ihn ein Unwohlsein ans Zimmer fesselte.

In neue Farben gekleidet, schaukelte der schmucke kleine Dampfer von der Deckens am Nachmittag des 7. lustig vor seinem Anker; da kam die bedeutsame Stunde für ihn, er ward dicht an den Loiret heran gebracht, Haken und Taue umfassten ihn, und in weniger als zwei Minuten stand er mit Provisionen, Waffen, Instrumenten, Zelten und allem was darin war auf dem Trockenen, an Bord der Korvette. Ihm nach folgte die Jolle, das kleine, zum Landungsdienst bestimmte Boot des Welf. Am andern Tage schiffte sich der Baron mit seinen Begleitern und vier Eingeborenen ein. Danach lichtete der Loiret den Anker und dampfte nordwärts auf genugsam bekanntem Wege. […]

[Mit dem Passepartout widmete sich von der Decken nun einige Tage der Erkundung des Osi-Flusses und dessen Umgebung.]

Das Tosen der Brandung ward immer schwächer, und bald umgab eine geheimnisvolle Stille die Reisenden. Die Majestät des Urwaldes … verfehlte ihren Eindruck nicht auf die schweigsam Dahinfahrenden; denn wunderbar war der Wechsel zwischen den wilden Naturszenen, welche sie hinter sich gelassen, und dem lieblichen Bilde hier innen. Bei jeder Wendung des Flusses bot sich dem Auge etwas Neues: hier entdeckte man eine herrliche Grotte in dunklem Laubwerk, dort einen sonderbar mit Lianen behangenen Baumriesen; jetzt flüchtete eine Affenherde in tollen Sprüngen über das Gezweige, dann wieder erregten Adler und weißköpfige Geier oder das mit Scharen von Vögeln bedeckte Ufer die Aufmerksamkeit, Pelikane und Reiher, Ibisse, Schlangenhalsvögel und andere sonderbare Formen, alle so dreist, dass man sie hätte greifen können. […]

[Ein wichtiges Anliegen von der Deckens war es, am Oberlauf des Osi einen »Gallahäuptling« zu treffen, den er von früher her kannte, um diesen zur Unterstützung seines Reiseunternehmens zu bewegen. Dabei hatte er allerdings keinen Erfolg, doch erhielt der Baron einen etwa fünfjährigen Gallaknaben zum Geschenk, den er zum Ziegenhirten der Expedition bestimmte. Anschließend kehrte man mit dem Loiret, der den Passepartout wieder an Bord hievte, nach Sansibar zurück.]

Fahrt nach Norden

Trotz der ausgezeichneten Hilfe, welche man von so vielen Seiten erhielt, zog sich der innere Ausbau des Dampfers sehr in die Länge. Um die Arbeiten tunlichst zu beschleunigen, legten endlich auch die Gelehrten der Expedition mit Hand ans Werk: der Arzt zog Fenster ein, der Maler schwang handwerksmäßig den Pinsel, um dem Holzwerke den nötigen Glanz zu verleihen; allen aber ging der Baron mit gutem Beispiele voran, indem sich er ohne weitere Hilfe das für seinen Gebrauch bestimmte Deckhaus einrichtete. So ward denn endlich bis Anfang Juni alles fertig.

Die erste Probefahrt fiel nicht zur Zufriedenheit aus, denn es zeigte sich, dass die Maschine nicht ganz in Ordnung war. Bei einer zweiten Fahrt ging es besser, sodass man Mut fasste, die Abreise für einen der nächsten Tage anzuberaumen. Es hatte dieses umso weniger Bedenken, als Kapitän Parr von der Lyra so freundlich war, einen Ingenieur und zwei Feuerleute von seiner Mannschaft für diese Fahrt zur Verfügung zu stellen, und sogar versprach, mit seinem Schiffe das Geleit zu geben.

Einigen Grund zu Besorgnissen für die spätere Reise bot die Zusammensetzung der Schiffsmannschaft: sie bestand zumeist aus zusammengelaufenem Volke, von welchem man hoffte, dass es sich während der Reise allmählich einrichten werde. Hätte der Reisende nicht in etwas gespanntem Verhältnisse zu Seid Madjid gestanden, so hätte er seinen Bedarf an Leuten unter dessen Matrosen und Soldaten decken können; so aber musste er vorlieb nehmen mit dem, was sich gerade darbot. Was man von solchem Volke in schwierigen Lagen zu erwarten hatte, ersah man daraus, dass schon vor der Abreise zwei dieser Landstreicher sich durch die Flucht den eingegangenen Verbindlichkeiten zu entziehen versuchten. Die Schiffstracht dieser Leute bestand aus blauem Wollhemd, leinernen Beinkleidern und einem Strohhut mit schwarzem Seidenband, auf welches »Welf« in Gold gedruckt war.

Von den Europäern hatten zwei die Expedition verlassen müssen, noch ehe der Welf vollendet war: Graf Götzen und der Herausgeber des Reiseberichtes[25], beide auf Anraten des Arztes, der ihnen schlimme Folgen für ihre Gesundheit in Aussicht stellte, wenn sie nicht bald in die nordische Heimat zurückkehrten. Dagegen war in ihrer näheren Umgebung ein Zuwachs entstanden durch einen nicht ungebildeten Inder namens Assalon, den Diener des Barons, und durch den vom Osiflusse mitgebrachten Gallaknaben Mabruki.

Da es Deckens fester Entschluss war, heimwärts nicht über Sansibar zurückzukehren, vielmehr, wenn irgend möglich, nach glücklicher Erforschung des Juba-Flusses sich über Abessinien oder Ägypten nordwärts zu wenden, gab er das vom Sultan gemietete Haus auf und verkaufte alles, was er nicht mitnehmen mochte. Während er nun seine Geschäfte abwickelte, prüften Doktor Linck und der Feuerwerker Deppe noch einmal die Instrumente; die Anderen gaben den zahlreichen Gegenständen an Bord des Schiffes eine seefeste Anordnung.

Am 15. Juni morgens zehn Uhr ertönte der Ruf: »Fertig, aufgehisst!« Lustig wehte des Reisenden heimatliche Flagge am Vortop, mit der bedeutungsvollen Inschrift: te duce tempestates contemno – wenn du mich führst, veracht' ich Sturm und Wetter. Der WELF setzte seine Schaufelräder langsam, dann immer schneller in Bewegung, und hurtig tanzte er über die Wellen, ihm nach als Begleiter und Schützer die LYRA.
[…]
Den Mitgliedern der Expedition wurde es noch in dieser Nacht klar, was es heißt, sich einem Schiff von Pappe – so nannten ergraute Matrosen kopfschüttelnd den dünnwandigen Eisenbau des WELF – zur Befahrung des offenen Meeres anzuvertrauen. Nach Sonnenuntergang wehte die vorher angenehme Brise frischer und frischer; das leichte Fahrzeug, welches wie Kork auf den Wogen schwamm, rollte von einer Seite zur andern, als ob es vom nächsten Windstoß auf die Seite gelegt werden müsse, und oftmals versagte bei dem hohen Seegang das Steuer seinen Dienst. Um die Verlegenheit der jungen Mannschaft zu mehren, kam die LYRA außer Sicht; zum Glücke gelang es jedoch, geleitet von Signal-Raketen und Leuchtkugeln, sie nach einiger Zeit wieder aufzufinden.

Die Nacht ging, wider Erwarten, ohne Unfall vorüber. Mit Tagesgrauen konnte man ungestört den vorgeschriebenen Kurs befolgen, und gegen Mittag bereits kam Mombas[26] in Sicht. Am Abend aber wurden die Aussichten wieder schlimmer. Die LYRA sah sich zum Beilegen veranlasst und forderte den WELF auf, dasselbe zu tun. Dem leichten Dampfer Deckens war dies jedoch unmöglich, es stand zu befürchten, dass beim Einstellen der Fahrt alles furchtbar durcheinander geschüttelt, zerbrochen oder über Bord geschleudert werde; deshalb umkreiste man die Nacht hindurch in großen Bogen das Kriegsschiff, ängstlich bemüht, es nicht aus den Augen zu verlieren. Das waren bange Stunden, und ein jeder war froh, als der Morgen erschien. Der gebrechliche Dampfer hatte sich indessen wacker gehalten; kein Leck war gesprungen trotz aller Stöße und Biegungen, welche ihn laut stöhnen gemacht

25 Otto Kersten.
26 Mombasa im heutigen Kenia.

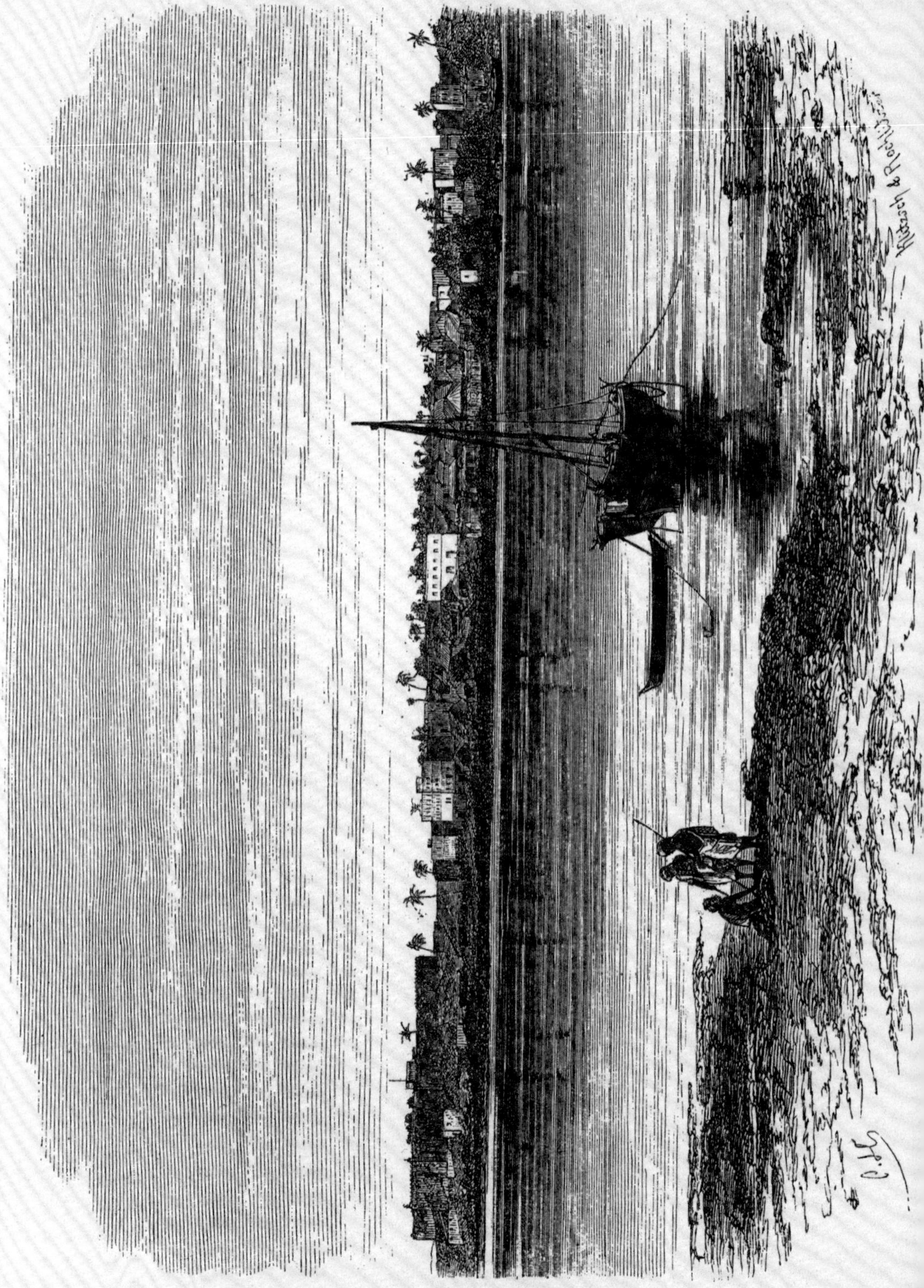
Hitzsch & Rochlitz

hatten, und die Maschine, welche bei einem so leicht gebauten Schiffe nicht übermäßig fest steht, arbeitete noch gut.

Am 17. Juni früh vor sechs Uhr wurden wieder Signale mit der Lyra gewechselt; es stellte sich heraus, dass man sich 2° 23' südlich vom Gleicher befand, also nahezu in der Breite von Lamu. Um acht Uhr kam das Land in Sicht, und gegen Mittag gingen beide Schiffe nahe beieinander im Hafen von Manda, wo schon ein französisches Schiff lag, vor Anker. […]

[Von dort ging die Fahrt über Lamu weiter nach Tula.]

Der Baron begab sich sogleich in seiner Gig[27] nach der Stadt, wo er zu seiner Freude den ihm schon von Sansibar her bekannten Auwesi ben Hammadi antraf … Er sollte die Expedition von nun an in ihrem Weiterkommen unterstützen … Bei weiterem Verkehre schien es fraglich, ob Auwesi wirklich die Macht besäße, deren er sich früher gerühmt. Obgleich er Häuptling oder Sultan zu sein vorgab, war er doch im Grunde wohl nicht mehr als Aufkäufer oder Agent für einige europäische Häuser und als solcher allerdings sehr bekannt, ja nicht ohne Einfluss. Da er aber auch habgierig und im hohen Maße durchtrieben war, blieb es ungewiss, ob man mehr Gutes oder Schlechtes von ihm zu erwarten hatte. Trotzdem erschien er wegen seiner Kenntnis der Somali-Sprache und der Verhältnisse an diesem Teile des Festlandes sowie wegen seiner verwandtschaftlichen Verbindungen im Norden vor der Hand unentbehrlich, bis ein Besserer sich fand. […]

[Etliche Tage widmete man sich nun der Erkundung des Tula- und Schambaflusses, verbunden mit Jagdausflügen. Kapitän Parr kehrte, nachdem er der Expedition noch einen Vorrat an Kohlen überlassen hatte, mit der Lyra am 28. Juni nach Sansibar zurück.]

Tage des Unglücks

Die Expedition stand nun allein, sie war fortan auf eigene Kräfte verwiesen; und als ob mit der Entfernung der letzten europäischen Freunde ein guter Stern gewichen wäre, so brach jetzt Schlag auf Schlag das Unglück rasch herein. Ein unschuldig erscheinender Ausflug nach einem binnenwärts gelegenen See, von welchem die Eingeborenen berichtet hatten, sollte das Verhängnis herbeiführen und Veranlassung werden zu Krankheit, Not und Tod für einen großen Teil der Reisegesellschaft.

27 Leichtes, schlankes, geklinkertes Ruderbeiboot mit Hilfsbesegelung.

Auwesi, Sultahn von Tula.

Am Morgen des 4. Juli fuhren der Baron und Brenner, nebst zwei Führern aus Tula und drei Leuten von der Mannschaft des Welf, nach der Mündung des Tula-Flusses. Sie landeten am südlichen Ufer … und wanderten dann längs der Küste … südwärts, zur Linken das schäumende Meer, rechts wellige, mit Dorngestrüpp und Rispengras kümmerlich bewachsene Dünen. Nach kaum anderthalb Stunden erreichten sie das kleine Dorf Mondoju, dessen Bewohner auf schlechtem Boden ein wenig Mtama[28], Mais, Wassermelonen und Tabak bauen … Ein zweiter Ort, Scheje … wurde nach weiteren zwei Stunden erreicht. Es war ein Fischerdorf, ohne Spuren von Anbau ringsum. Schon von Weitem verriet sich das Gewerbe der Bewohner durch einen abscheulichen Geruch, der von den Tausenden zerteilter Fische ausging, welche auf den Dächern der Häuser und auf dem Sande zum Trocknen auslagen, und von widrigen Haufen faulenden Gedärmes in unmittelbarer Nähe der Wohnungen. Trotz des Gestankes, und obwohl das Trinkwasser brackig war, musste Decken hier über Mittag halten lassen, weil man die nächsten vierundzwanzig Stunden kein Wasser wieder zu erwarten hatte. Um drei Uhr ging es westwärts weiter in das dicht verwachsene Land hinein, bis man gegen Abend an eine passende Lagerstätte kam.

So kurz auch der Aufenthalt in Scheje gewesen, er hatte genügt, den Rastenden die Keime des Todes zuzuführen; denn in dem Dorfe weilte ein unheimlicher Gast – die Cholera, jene furchtbare Seuche, welche damals, von Indien und den heiligen Stätten Arabiens ausgehend, halb Europa in Angst und Schrecken versetzte. Ohne eine Ahnung von der Nähe des Todesgespenstes zu haben, setzte man wohlgemut die Wanderung fort, und noch unbekannt mit der Gefahr erreichte man nach Mittag des folgenden Tages den See; selbst des einen Führers Klagen über Leibweh erschien ohne Bedeutung! […] Der Rückmarsch ging schnell vonstatten […]

Jetzt, nach überstandener Anstrengung, kam die Krankheit, welche man wenige Tage vorher aus dem Fischerdorfe mitgenommen, zum Ausbruch. Nachmittag drei Uhr legte sich einer der drei Träger, um Mitternacht war er bereits eine Leiche. Er war an der Cholera gestorben! […]

Am 12. Juli waren von den sieben Teilnehmern an dem Ausfluge nur noch zwei gesund, Brenner und Mabruk Speke, welcher mit Speke und Grant[29] am Ukerewe-See[30] gewesen war: der Baron war inzwischen

---

28 Swahili-Bezeichnung für die in Ostafrika übliche Hirseart Sorghum bzw. Durra.
29 Britische Afrikaforscher, die Anfang der 1860er Jahre auf ihrer Ostafrika-Expedition das Rätsel der Nilquellen lösten, die sie am Ukerewe- bzw. Victoriasee fanden.
30 Victoriasee.

gleichfalls von der Seuche befallen worden. Bereits geschwächt von Fieber und Dysenterie[31], womit sein Leiden begann, wehrte er sich doch tapfer, und verhandelte noch täglich mit Auwesi über die Weiterreise … Bald aber brach auch seine Kraft, er musste sich legen und konnte ohne Hilfe keine Bewegung mehr ausführen. Seine Sprache sank zu einem leisen Flüstern herab; indessen war das Bewusstsein noch klar in ihm, er dachte an sein Ende, verlangte Papier und Feder und schrieb mit größter Anstrengung seinen letzten Willen nieder, welcher dann versiegelt und Herrn von Schickh übergeben wurde. […] Acht (?) Leute von der Schiffsmannschaft starben im Ganzen an der Cholera. […]

Auwesis Unentschlossenheit und Lügen hatten die Expedition übermäßig lange an dem Unglücksorte zurückgehalten. Der durchtriebene Mischling schien zu wissen, dass er nicht gut durch einen andern ersetzt werden konnte, und richtete hiernach sein Benehmen ein. Erst als der Baron nach langen Verhandlungen und unglaublichem Ärger erklärte, dass er auch ohne ihn am 12. Juli abfahren werde, gab er nach und kam noch in der letzten Stunde mit seinen Sklaven und einem Lotsen an Bord.

Am Morgen des bestimmten Tages dampfte der WELF nach Norden, der Insel Kiama (Kismaio der Seekarten) zu. […]

Die Kranken wurden an das Festland geschafft, wo die frische Seeluft sie besser durchwehte, und das Schiff gründlich gereinigt. Die Gesunden mussten öfters Holz fällen, weil man den mitgenommenen Kohlevorrat schonen wollte; … und diejenigen, welche nichts dabei zu tun hatten, gaben sich der Jagd hin. Der Baron blieb auf dem WELF. Er hatte eine schlimme Krisis zu überstehen, erholte sich aber dann wunderbar schnell wieder. […]

Am 24. Juli ließ Decken das Schiff weiter nordwärts nach Kismaio (Kap Bissel) legen, teils um der Juba-Mündung, dem eigentlichen Ziele der Fahrt, näher zu kommen, teils um der Mannschaft die vielen traurigen Erinnerungen aus den Augen zu bringen … In Refuge-Corner, einer kleinen, nicht besonders geschützten Bucht im Süden des genannten Vorgebirges und acht bis zehn Seemeilen vom Juba entfernt, ging der WELF anderthalb Meilen vom Lande vor Anker.

Schon in der ersten Nacht brach ein neues Verhängnis über die Expedition herein. Der Tischler Bringmann hatte die Wache; die Anderen schliefen sorglos, als plötzlich der Schreckensruf sie weckte: »das Schiff treibt!« Im Nu eilten alle auf Deck – sie sahen gerade noch, wie die Flut den Dampfer mit der Breitseite flach auf den Strand setzte! Unter erschütterndem Tosen warf die Brandung das leichte Schiff immer höher empor; Schlag auf Schlag ergossen sich Sturzseen über das Deck, und als die Ebbe eintrat, drückte sich die Last auf der einen Seite immer tiefer in den Grund. Da sank der Mond unter den Gesichtskreis, und dicke Finsternis lagerte sich über die Landschaft.

Den ganzen Umfang des Unglücks erkannte man erst am folgenden Morgen: fünf bis sechs Spanten waren zerbrochen, mehrere Niete ausgesprungen und die Radspeichen, der Boden sowie die Seiten des Schiffes in einer besorgniserregenden Weise verbogen. Gelang es nicht, den WELF bis zur nächsten Flut wieder flott zu machen, so konnte das Schicksal der Expedition als entschieden gelten: sie war vernichtet, noch ehe sie das eigentliche Ziel der Forschung erreichte, denn man konnte weder die Ladung fortschaffen, noch lange hier bleiben, weil dann in wenig Tagen die überall umherschweifenden Galla einen Angriff gewagt hätten. Keiner verhehlte sich den Ernst der Lage; daher arbeitete jeder, Europäer wie Neger, mit Aufbietung aller seiner Kräfte am Flottmachen des Schiffes. Die Einen räumten den massenhaft angeschwemmten Sand vor dem Schiffe weg, die Anderen löschten die Ladung; einige verstopften Lecke und wieder andere schafften die beiden Anker durch die Brandung soweit als möglich in die See hinaus, um bei Eintritt der Flut einen kräftigen Zug ausüben zu können. Endlich, nach riesiger Anstrengung, stand das Schiff wieder so leer wie es auf der Werft in Hamburg gewesen. Da begannen die Wogen wieder mächtig an die dünne Eisenwandung zu schlagen. Alle griffen nun zu; diese schoben, jene zogen; es wurde fast Übermenschliches geleistet. Da bewegte sich die festgefahrene Masse ein wenig, und, von einer schweren See gehoben, ward sie wieder frei! Der PASSEPARTOUT bugsierte sie an eine geschützte Stelle, wo sie aufs Neue, und fester als zuvor, verankert wurde.

Freilich befand sich der WELF in einem traurigen Zustande; für die offene See taugte er nicht mehr, auf dem Fluss indessen hielt er sich doch vielleicht bis zur Ankunft an der Grenze der Schifffahrt. Dann aber hatte er seine Schuldigkeit getan und konnte immerhin als Wrack verrosten. Das Schlimmste war, dass auch die Maschine Schaden gelitten, namentlich durch Einsaugen von Sand in die Speisepumpen. […]

Folgenden Tages wurden die ausgeladenen Gegenstände wieder an Bord geschafft. Schon war der größte Teil wieder geborgen, als Trenn und Auwesi, welche den Dienst am Lande hatten, eine lange Reihe schwarzer Leute die Küste herabkommen sahen. Niemand zweifelte,

31 Ruhr, Durchfallerkrankung.

dass es ein Raubzug der gefürchteten Galla sei! Ein Boot wurde sofort abgeschickt, um Mannschaft und Waffen zu holen, und der Baron begab sich selbst an Land. Als die verdächtigen Schwarzen näher kamen, klärte sich indessen das Missverständnis auf: es waren nicht beutegierige Feinde, sondern Unglückliche, welche die höchste Teilnahme verdienten, halb verhungerte und zum Tod erschöpfte Sklaven. […] Viele von ihnen waren, unvermögend sich weiter zu schleppen, bereits in der Einöde liegen geblieben – ein Los, welches mit qualvollem, sicheren Tode gleichbedeutend ist – die meisten sahen aus, als ob sie Brava, das Ziel ihrer Wanderung, nicht erreichen würden. Was mag das Los solcher Sklaven unter einem fühllosen oder grausamen Herrn sein?

Ursprünglich hatte Kapitän von Schickh nach der Mündung des Juba gehen sollen, um sich die Einfahrt anzusehen; da aber jetzt mit Schiff und Maschine so viel zu tun war, begab sich Decken selbst mit Linck, Auwesi, vier Tulaleuten und einigen Mann vom Schiffe am Morgen des 27. Juli auf den Weg. Schon am folgenden Tage, als man mit dem Verstopfen der Lecke fertig war, kam Linck mit einigen Leuten zurück. Er brachte frische Lebensmittel von der Somalistadt Jumbo an der Mündung des Juba, wo der Baron noch weilte, und einen Brief an Schickh, in welchem dieser aufgefordert wurde, am nächsten Morgen mit steigender Flut die Einfahrt zu wagen.

Der verhängnisvolle Morgen des 29. Juli, an welchem der WELF eine so schwierige Probe bestehen sollte, war herangebrochen. Das Schiff setzte sich in Bewegung und fuhr mit angemessener Geschwindigkeit nordwärts. Anfangs ging alles gut; gegen zehn Uhr aber versagte der Kondensator seinen Dienst, und der Dampf ging aus, sodass das Schiff nicht mehr von der Stelle kam. Die Lage war überaus gefährlich; denn die See ging hoch und trieb die Wogen so heftig gegen das Schiff, welches jetzt an so mancher Stelle nicht mehr durch Rippen gefestigt war, dass einige der bei dem Unfalle hinter Kap Bissel gelockerten Niete aussprangen. Das Wasser drang mit Gewalt in den Raum, und die Gegenstände in der Kajüte fingen in Kurzem zu schwimmen an. Es glückte nun zwar, die Lecks wieder notdürftig zu dichten; da aber Wind und Strom den kraftlosen Dampfer schnell der Küste zutrieben, so war er dennoch verloren, wenn es nicht binnen wenigen Minuten gelang, die Maschine wieder in Tätigkeit zu bringen. Man arbeitete mit der Kraft der Verzweiflung. Endlich sah man, wie die Räder sich wieder bewegten – doch es waren nur wenige Umdrehungen, welche kaum eine Wirkung auf das treibende Schiff ausübten. Da, als der Untergang schon unvermeidlich erschien, erholte sich die Maschine, das Schiff gehorchte dem Steuer und bewegte sich in nordwestlicher Richtung weiter. Man musste bereits in unmittelbarer Nähe der Mündung sein, gewahrte aber immer noch nichts von einer Einfahrt; auch hatte die See noch immer ein unverändertes Aussehen, vermutlich weil die Flut das leichte Süßwasser zurückdrängte. Auf einmal lag der Fluss, ohne dass man vorher die Ufer auseinander gehen sah, vor den erstaunten Augen da. Jetzt galt es, die Sinne zusammen zu nehmen und alle Kräfte aufzubieten! Mit Rad und Pinne zugleich steuernd, lenkte man den WELF in die mächtige Brandung; aber da hier der Fluss sich in fast spitzigem Winkel wendet, fuhr man am gegenüberliegenden Ufer auf einer Sandbank auf, glücklicher Weise nur mit halber Dampfkraft, sodass er keinen Schaden nahm.

Der WELF befand sich nun in Sicherheit; wie aber war es dem PASSEPARTOUT ergangen? Während der Fahrt war er mit zwei starken Tauen hinter dem Schiffe befestigt gewesen. Hitzmann und zwei Neger bedienten die Maschine und hielten immer vollen Dampf, um im Falle der Not selbständig weiter fahren zu können. Der PASSEPARTOUT sollte, sobald der WELF die Barre passiert, vorbeidampfen und dem Baron Nachricht bringen. Doch es kam anders. Im entscheidenden Augenblicke war das gefesselte Boot keiner selbständigen Bewegung fähig: jetzt ward es von den straff gespannten Tauen im buchstäblichen Sinne des Wortes durch die Wogen durchgezogen anstatt über sie hinweg, dann wieder ließ der Zug nach, und es schoss mit Ungestüm gegen den WELF, als ob es dessen Wandung durchbohren wollte. Die Schlepptaue brachen mit gewaltigem Ruck, als sie eben gekappt werden sollten – allein zu spät, das Wasser war bereits in die Feuerung gedrungen, das Boot ward widerstandslos zurückgeschleudert, trieb nordwärts in die offene See hinaus und verschwand, als eben der WELF um die Ecke bog. Die sofort ausgeschickte Jolle fand keine Spur mehr von dem kleinen Dampfer; auch Hitzmann war nicht mehr zu sehen, nur die beiden Neger lagen zerschunden und zerstoßen am Strande. Sie erzählten, der PASSEPARTOUT habe in der Barre so viel Wasser eingenommen, dass das Feuer verlöschte, und sei dann sichtlich gesunken. Als Hitzmann ihnen im letzten Augenblicke gestattete, sich zu retten, wären sie von den Wellen ergriffen und mit Gewalt ans Land geworfen worden. Wieder zur Besinnung gekommen, hätten sie weder vom Boote noch von dem Msungu[32] etwas mehr gesehen. Und Hitzmann blieb verschwunden, obgleich man noch zwei Stunden am Strande wartete und suchte in der Hoffnung,

---

32 Wörtlich »Wissender«, »Unterrichteter«, meint in der Regel »Weiße« (Europäer und Amerikaner).

dass wenigstens die Leiche des unglücklichen Maschinisten angespült werden möchte. Einige Planken und das Namensbrett des PASSEPARTOUT, das war alles, was die See herausgab! Auch später wiederholte Nachforschungen hatten keinen besseren Erfolg. Es blieb, um das Verschwinden Hitzmanns zu erklären, nichts übrig, als anzunehmen, dass er von einem Haifisch verschlungen oder auch von den Wogen zwischen zwei Klippen eingeklemmt worden sei; denn außerdem würde das Meer den fremden Körper nicht zurückbehalten haben.

So hatte denn der Tod auch an die Europäer Hand gelegt! Tiefe Trauer bemächtigte sich der Gefährten, und bangend ahnten sie, dass dieses Opfer nicht das letzte sein werde.

An der Mündung des Juba-Flusses

Auf seiner Wanderung nach der Stadt Jumbo kam der Baron erst durch eine Strecke frischen Wiesenlandes, welches hier und da durch Gebüsch oder einzelne Dumpalmen[33] unterbrochen war, dann durch ein Stück Unterholz mit vielen Dumpalmen, zuletzt über die Stranddünen und am Strande hin. […] Da er nicht wusste, welche Aufnahme er bei den Somali finden würde, schickte er Auwesi und einen andern Mann aus Tula nach der Stadt, um seine Ankunft vorläufig melden zu lassen. Nach langem Warten, gegen sieben Uhr abends, erschienen die Abgesandten wieder, aber mit schlechter Botschaft: die Einwohner von Jumbo hatten sich geweigert, in irgend welche Verbindung mit dem Fremden zu treten, ja ihm Lebensmittel zu vertauschen; sie erklärten sogar offen, dass sie jeden Europäer, welcher ihre Stadt beträte, erschlagen würden. […]

Tags darauf ging der Baron den Leuten entgegen. Zu der kurzen Strecke bis zum Flusse brauchte er, matt wie er war, ziemlich zwei Stunden; dort angelangt, musste er geraume Zeit warten, bis ein Nachen herüber kam, um ihn und seine Begleiter zu holen. … Am anderen Ufer des Flusses empfingen ihn etwa ein Dutzend Einwohner und führten ihn nach einem großen steinernen Haus, wo sofort Ruhebänke herbeigebracht und die Verhandlungen begonnen wurden. Mit hochfahrendem Tone verboten die Ältesten, mit dem Schiffe in den Fluss einzulaufen; und als ihr Besucher erwiderte, dass er hierzu ihre Erlaubnis nicht brauche, weil der Fluss von Gott zur Benutzung von jedermann gemacht sei,

---

33 Fächerpalme, afrikanische Palmengattung, charakteristisch für afrikanische Steppengebiete, mit starker oberirdischer Verwurzelung der Stämme, liefert Früchte und damit Nahrung für Mensch und Vieh sowie mit ihren Blättern auch Baumaterial.

bei den Stromschnellen Brenners.

Manamsunde — Moungue
Stat. III; 18.19.20. Aug.
Viele Krokodile — Bogāe
Kigononi
Mlamba
Takie

ÄQUATOR 0°

GEBIET DER WA-SOMAL

Tsetse Fliegen
Wasegua Dorf

10 Minuten breiter Uferwald von Laubholz, Duhm

Stat. II; 16-17 Aug. **Hindi**
6-700 Einw.
Yagscha
Stat. I; 15. Aug.
Gosch
Zuckerrohr
Viele Hütten, sehr bevölkert (16-18000 Einw.)
Plantagen von Mais, Durrha & Bananen
Wiesen u. Plantagen

Die Ufer dicht bewachsen mit Duhmpalmen, Mimosen, Tamarinden, Eichen, Schlinggewächsen, Baobab &c.

Korallen hören auf **Mangomo**
Wald
wenig Wiesen u. Plantagen
Weg nach Brawa

Dschungoni
Dorf auf einer kleinen Insel
Hinter dem schmalen Uferwald
Grassteppe mit sehr viel Wild (Zebras, Springböcke, Antilopen, Giraffen &c.)
JUMBO

INDISCHER

Jumbo-Lager, 29. Juli-15. Aug.
Reiche Jagdgründe
Mündung des Juba Flusses
(S. Carton)

Weg nach C. Bissel

OCEAN

0° 15'

Magnet. Var. ca 9°W.   **Dschungoni**   Maafsstab 1:100,000
Englische Meilen

Wildreiche   *Prairie Fussweg*   Prairie   Anpflanzungen

Grassteppe   Grassteppe mit Gebüsch   *Rother Lehm*   *Mangrove Gebüsch*

mit Gebüsch   **JUMBO**   *Felder u. Wiesen*   *Hügel von 90-100 Fuss*   *Mimosen-Sträucher*   **Untergang des Passe-partout**   *Versandeter Arm*   Hitzmann † 27. Juli 1865

Viele Geier u. Hundsaffen   Fähre   **MÜNDUNG DES**
Lager der Expedition   **DJUBA FLUSSES**
vom 29 Juli bis 15. Aug. 1865   40 Fuss   *Zur Fluthzeit über Schwemme*
0° 14'37" Südl. Br; 42°37'20" Östl. L. v. Greenw.   *Korallen*

42°30' Östl. Länge von Greenwich   42°45'

auch Said-Madjid, dem das Land gehöre, ihm die Einfahrt gestattet habe, sagten sie gar trotzig, sie hätten den Fluss gekauft, und wer ihn befahren wolle, müsse das Recht dazu bezahlen. Da sie jedoch merkten, dass solche Gründe vor den Augen des Weißen keine Gnade fanden, verlegten sie sich auf eine andere Ausrede: sie behaupteten, von Brava abhängig zu sein und ohne besondere Erlaubnis der dortigen Obrigkeit die Schifffahrt auf dem Flusse nicht gestatten zu können. Hierauf erklärte ihnen der Baron, er habe sie überhaupt nur aus Höflichkeit um die Erlaubnis gefragt, sei aber durchaus nicht ihrer Gnade unterworfen, noch gesonnen, sich um ihr albernes Gerede zu kümmern; sein Schiff werde unter allen Umständen am nächsten Morgen einlaufen. Gäben sie ihre Einwilligung dazu nicht, so würden sie nicht nur seiner Belohnung verlustig gehen, sondern auch sich die Strafe des Sultans von Sansibar zuziehen, welcher alle nach seiner Stadt kommenden Jumboleute festnehmen würde, um die Missachtung seiner Befehle zu bestrafen … Jetzt fügten die Somali sich in das Unvermeidliche, wiesen ein Haus zum Schlafen an und brachten Reis, Butter und Milch zum Geschenk. Um ihnen jedoch keine Zeit zu einer Änderung ihres Beschlusses zu lassen, schickte Decken sofort den Doktor nach dem Dampfer und bat den Kapitän, wie wir schon wissen, das Hochwasser des 29. früh zur Einfahrt zu benutzen.

Kaum hatte Linck sich entfernt, als die Somali von Neuem aufsässig wurden; sie sprachen in weit heftigerem Tone als vorher, und namentlich die jungen Leute, welche anfangs geschwiegen, taten sich durch ungebärdiges Wesen hervor. Einige der Unverschämten schrien und tobten in so lästiger Weise, dass der Baron die Geduld verlor und mit Aufbietung seiner schwachen Kräfte den Nächststehenden zur Tür hinauswarf – die Anderen schlichen schweigend nach. Der Mut des einzelnen, noch dazu kranken Mannes musste ihnen hohe Achtung eingeflößt haben; denn bald kamen sie mit einer Ziege als Freundschaftsgeschenk zurück und benahmen sich so liebenswürdig, dass man in ihnen kaum mehr die Leute erkannte, welche noch am Morgen vom Totschlagen der Fremden gesprochen hatten. … So war denn durch angemessenes Auftreten der Frieden hergestellt, und der Reisende konnte einer ruhigen Nacht entgegensehen.

Am folgenden Morgen erwartete Decken die Nachricht von der Einfahrt des W*elf* mit einiger Aufregung; hing doch von dem Ausfalle des Wagnisses das Schicksal seiner ganzen Unternehmung ab. … So verflossen fünf peinliche Stunden. … Da erschienen Linck und Trenn in dem so lange erwarteten Boote. Sie sprachen ihre Verwunderung aus, dass man den nach der Einfahrt abgefeuerten – allerdings blinden –

Kanonenschuss hier nicht gehört hatte, und berichteten in Eile das Geschehene, auch das Unglück mit Hitzmann und dem Passepartout.

Decken begab sich, nachdem er die schmerzliche Kunde vernommen, sogleich nach der Sandbank. Man hatte bereits das Schiff zu räumen begonnen, da man nicht hoffen durfte, es ohne diese Erleichterung flott zu bekommen. Erst am folgenden Tage kam der Welf wieder frei und legte sich dann etwas höher hinauf; später, als die Sachen wieder eingenommen waren, fuhr er nach Jumbo zu und ging oberhalb der Stadt vor Anker, in der Nähe des rechten Ufers. […]

Wie die Somali überhaupt sind auch die Bewohner von Jumbo misstrauisch gegen Fremde, wenn auch vielleicht jetzt nicht mehr in demselben Grade wie früher. Ihre gefährliche Lage im Grenzgebiete der Galla und ihre Abhängigkeit von den gleichfalls den Fremden ungünstigen Bravanern mag hierzu nicht wenig beigetragen haben. Indessen sind sie, wie wir aus Deckens erster Verhandlung mit ihnen gesehen haben, mehr Lärmmacher als gefährliche Leute … Hiermit soll jedoch nicht gesagt sein, dass sie nicht unter Umständen auch als Räuber und Mörder auftreten könnten; diese Eigenschaften sind ja bei fast allen Strandbewohnern zu finden, warum nicht auch bei den von Natur schon schlimm gearteten Somali? […] Decken selbst ist während seines Aufenthaltes sehr gut mit ihnen ausgekommen und hat nach der ersten Auseinandersetzung keine Unannehmlichkeiten wieder mit ihnen gehabt. Einmal allerdings weigerten sie sich, das am Strande aufgelesene Sonnensegel des Passepartout gegen ein angemessenes Bergegeld auszuliefern, weil »Gefundenes ein Geschenk Gottes sei«, doch fügten sie sich nach Kurzem, als ihnen eine Frist gesetzt wurde, und gaben es ohne Entschädigung her. […]

Die erste Sorge des Barons war, Briefe nach Sansibar und Europa zu schicken mit einem Bericht über die bisherigen Ereignisse und namentlich über den Tod des armen Hitzmann; zugleich bat er den Hamburger Konsul um Ergänzung der so sehr zusammengeschmolzenen Mannschaft. Als er einen des Schreibens kundigen Mann fand, … ließ er auch einen Brief an die Häuptlinge von Brava schreiben, um, wenn auch nur aus Höflichkeit, die Erlaubnis zur Weiterfahrt zu erbitten und nebenbei die Schuldlosigkeit der Bewohner von Jumbo an seinem Eindringen in den Fluss darzulegen. Beide Sendungen, die nach Sansibar sowohl wie nach Brava, wurden sogleich durch Eilboten befördert; jene kam aber erst nach zwei Monaten an ihre Adresse, und auf diese lief gar keine Antwort ein.

Nach diesem vermaß Decken die Mündung des Flusses. […] Um den weiteren Lauf des Flusses im Voraus kennen zu lernen, wurde am

6. August eine Bootsfahrt nach dem oberhalb Jumbo gelegenen Somalidorfe Dschungoni unternommen. […]

Bakari, der Älteste von Dschungoni, welchen Decken schon in Jumbo kennen gelernt hatte, nahm seinen Besucher sehr freundlich auf und bewirtete ihn auf das Beste mit Reis, Milch und Butter. Die Bewohner des Dorfes wetteiferten mit ihm, indem sie Wassermelonen, Butter, Honig und ein großes Schaf als Freundschaftsgeschenk in das Boot legten. Von der Weiterfahrt auf dem Flusse wollte Bakari nichts wissen, bevor die Antwort von Brava eingetroffen sei; er sprach von allerlei Gefahren, welche seine Freunde bedrohen würden, von der Verantwortung für ihn, wenn er sie ins Unglück gehen ließe, und verlangte schließlich, als er merkte, dass alles dieses nichts helfen würde, wenigstens eine schriftliche Bescheinigung, dass er sein Möglichstes getan habe, um den Msungu vor Unglück zu bewahren.

Der Aufenthalt in Jumbo verlängerte sich ungebührlich, weil es nicht sobald gelang, einen passenden Führer zu bekommen. … Nicht geringe Schwierigkeiten verursachte auch die Gewinnung eines Dolmetschers, und doch war es sehr wichtig, einen tüchtigen Mann hierfür zu erlangen, weil von den Mitgliedern der Expedition keines der Somalisprache kundig war. … Endlich gelang es, einen Sklaven namens Kero zu bekommen, welcher in den drei Hauptsprachen, Suaheli, Somali und Galla, große Fertigkeit besaß. Er hatte sich bisher seinen Unterhalt durch Jagd verdient, erhielt deshalb, da er mit Waffen umzugehen wusste, bei Antritt seines Dienstes ein Gewehr.

Später meldete sich als Führer ein freier Mann, namens Baraka, welcher gleichfalls auf Jagdstreifereien bis Bardera gekommen war und hauptsächlich in dem Gebiete der Wabuni, eines Bruderstammes der Galla, sowie in den Wasegua-Ansiedlungen bekannt war. Einen Lotsen hatte man in ihm freilich nicht gewonnen; dies war auch, wie man sich bald überzeugte, nicht wohl möglich, da der Jubafluss, so groß und schön er ist, von den Anwohnern mehr als trennende und schützende Abgrenzung betrachtet wird, denn als verbindende Straße. In einzelnen Ortschaften gibt es allerdings Baumkähne, groß genug um drei Ochsen zugleich einladen und nach den Weidegründen am andern Ufer schaffen zu können, aber diese dienten nur als Fähren; eine längere Fahrt stromauf- oder abwärts mit diesen Kähnen gilt als etwas Unerhörtes, man zieht den beschwerlicheren oder sicheren Landweg vor.

Jetzt blieb noch übrig, einen Abani d.i. Schutz- und Geleitsmann zu gewinnen, denn der von Tula mitgenommene Scheich Auwesi hatte sich schon nach kurzem Aufenthalte in Jumbo als ungeeignet erwiesen.

Vierzehn Tage lag man bereits hier vor Anker; es war Feuerholz in Menge an Bord genommen worden, desgleichen Mtama und Mais sowie eine kleine Herde Schafe; man hatte den Dampfer gründlich ausgebessert und mit einem neuen Anstrich versehen, die nötigen Messungen vorgenommen, die Instrumente geprüft, Revolver, Gewehre und Kanonen eingeschossen, kurz alles zur Abreise vorbereitet, und noch hatte der gewünschte Abani sich nicht gefunden.

Da erschien unerwartet noch in der letzten Stunde, von Lamu kommend, der Scheich Schigo ben Osman, einer der fünf Ältesten von Brava, mit einem Manne von seiner Verwandtschaft, welchen er für das wichtige Amt in Vorschlag brachte. Schigo musste ein ziemlich vernünftiger Mann sein, wenigstens hielt er den Bewohnern von Jumbo die Dummheit vor, einem Dampfer das Eindringen in den Fluss verwehren zu wollen. Sein Verwandter, Abdio ben Abd el Nur, kam noch spät am Abend des 14. August, dem Tage vor der Abreise, an Bord. Auch er sprach Suaheli, Somali und Galla; dazu hatte er einen »Bruder« in Bardera. Er war ein ruhiger Mann von nicht unangenehmem Äußeren, aber sehr stolz und anspruchsvoll. Dass er die Expedition nicht aus Freundschaft oder aus Teilnahme stromaufwärts begleiten wollte, war offenbar, nur ließ sich nicht sogleich erraten, welche Hintergedanken ihn leiteten: ob er den Aufpasser spielen, oder den Baron verhindern sollte, allzu genauen Einblick in die Verhältnisse des Landes zu gewinnen, oder ob er die Reisegelegenheit zu Handelszwecken ausbeuten wollte. Jedenfalls war große Vorsicht mit diesem Manne nötig, und der Baron war von vorn herein auf seiner Hut. Es war dem erfahrenen Reisenden schon verdächtig erschienen, dass die Verhandlungen so überaus schnell zum Abschlusse kamen; er beschloss, Abdio in jeder Weise tüchtig zu überwachen, damit aus dem Schützer nicht etwa ein Verderber würde.

[Die folgende, hier eingeschobene Auflistung der Mannschaft des WELF ist dem Abschnitt »Feststellung des Schicksals der Verschollenen« des Expeditionsberichts entnommen.]

Bei der Abreise von Jumbo zählte die Expedition neunundzwanzig farbige Mitglieder und zwar, ihrer verschiedenen Beschäftigung nach:
1) Abdio ben Nur, Somali aus Brava, 40 bis 50 Jahre alt: Abani (Schutz- oder Geleitsmann).
2) Kero, Mniassa-Sklave des Auwesi aus Tula, 40 Jahre alt: Dolmetscher.
3) Baraka I., freier Mkunti (Galla?) aus Hindi, 40 Jahre alt: Führer, Pilot.

4) Sereng, Araber aus Bagdad (oder Basra?), 30 bis 35 Jahre alt: I. Bootsmann.
5) Mabruk Speke, Mhiao, 35 Jahre alt: II. Steuermann (war mit Speke am Ukerewesee gewesen).
6) Achmed, Araber aus Scheheri in Hadramaut, 30 bis 35 Jahre alt: Matrose.
7) Mbaruko, freier Mkunti, 30 Jahre alt: Matrose.
8) Soliman, Siguja-Sklave einer Schwester Seid Madjids, 25 Jahre alt: Matrose.
9) Ali, freier Makua, 25 bis 30 Jahre alt: Matrose.
10) Baraka, Mhiao-Sklave, 25 Jahre alt: Matrose.
11) Hammadi, Makua-Sklave, 30 bis 35 Jahre alt: Matrose.
12) Mpati, freier Suaheli, 25 Jahre alt: Matrose.
13) Ferusi, Suaheli-Sklave, 25 Jahre alt: Matrose.
14) Mabruk-Hammisi, freier Mniamesi, 30 Jahre alt: Matrose.
15) Manjusi, freier Mkadim, 25 Jahre alt: Matrose.
16) Mabruk-Charles, freier Makua, 18 Jahre alt: Matrose.
17) Meier, freier Mihao, 20 Jahre alt: Matrose.
18) Mabruki, freier Makua, 25 bis 30 Jahre alt: I. Heizer.
19) Hammadi gen. Maschin, freier Mtuamu, 30 Jahre alt: Heizer (?).
20) Hammisi-Maschin, Mniamesi-Sklave, 35 Jahre alt: Heizer.
21) Ngosi (auch Juma genannt), Mkunti-Sklave, 30 Jahre alt: Heizer.
22) Feredischi, freier Mkunti, 30 Jahre alt: Heizer.
23) Salamini, freier Mhiao, 40 ahre alt: Heizer.
24) Assalon, Inder von der Malabarküste, 28 Jahre alt: Steward (Diener) des Barons.
25) Saidi, freier Angasijaner, 20 bis 25 Jahre alt: Diener.
26) Faridjallah, freier Makua, 25 Jahre alt: Diener.
27) Saleh, freier Angasijaner, 30 Jahre alt: Aufwärter der Matrosen.
28) Heri, freier Makua, 25 Jahre alt: Koch der Matrosen.
29) Mabruki, der Gallaknabe, 5 bis 8 Jahre alt: Ziegenhirt und Diener.
Hinzu kam noch Baraka II., ein freier Mhiao aus Schonde, welchen der Baron in Wegere … als Piloten mitnahm; er blieb in Bardera zurück, als der WELF nach den Stromschnellen weiterfuhr, und trat später nicht wieder handelnd auf.

Mabruk Speke, Achmed, Mbaruko und Soliman genossen des Barons besonderes Vertrauen.

Stromaufwärts

Frühlingsluft erfüllte die Herzen aller, als endlich am 15. August der Welf seine Fahrt stromaufwärts begann. … Mit gespannter Aufmerksamkeit durchmusterten sie die Ufer des Flusses. Wo ein merkwürdiger Baum oder ein auffälliges Tier sich zeigte, tat sich die Freude in lauten Ausrufen kund; und jede Biegung des Flusses zeigte ihnen etwas Neues und Unerwartetes. … Übrigens konnten sie sich dem Schauen und Bewundern nicht völlig hingeben; die Einen waren ja bei der Maschine beschäftigt, andere mit dem Steuern des Schiffes, noch andere mit Messung der Richtung und Fahrgeschwindigkeit; aber sie taten ihre Pflicht mit einer Freudigkeit, welche dem Beobachter verriet, dass Ihnen nichts angenehmer sein könnte, als unter solchen Verhältnissen mitzuwirken. ...

Die Schwierigkeiten einer Fahrt auf unerforschtem Gebiete und bei ungewohnten Verhältnissen sollten gleich am ersten Tage offenbar werden. Um zehn Uhr hörte der Welf plötzlich auf sich zu bewegen: der Dampf war ausgegangen, weil die Feuerleute es noch nicht ordentlich verstanden, mit Holz allein die nötige Hitze hervorzubringen. Man sah sich in Folge dessen genötigt, wieder zur teilweisen Kohlenfeuerung seine Zuflucht zu nehmen. Später entdeckte man, dass das Holz schon am zweiten Tage, nachdem es gefällt worden war, vortreffliche Dienste leistete, wenn man es nur sofort der Länge nach spaltet und bis zum Gebrauch auf dem Verdeck liegen lässt.

Als der Dampfer kaum wieder in Bewegung gekommen war, hemmte sich aufs Neue sein Lauf, diesmal aber nicht aus inneren Gründen. Ein tückisches Geschick hatte es gefügt, dass man den schlechtesten Teil des Weges benutzte, während ringsum genügende Tiefe vorhanden war. Vor solchen Unfällen schützte die Anwesenheit eines Lotsen nicht, denn gerade wenn er vor neuen Untiefen warnte, fand sich mehr Wasser als je, und meinte er, es sei alles in Ordnung, so konnte man bestimmt darauf rechnen, in den nächsten Minuten festzusitzen. Nachdem man wieder frei gekommen, ging noch zweimal der Dampf aus, worauf man wiederum festfuhr und so fort, bis bei bereits eintretender Dunkelheit eine Stunde hinter dem Dorfe Gosch, dessen Pflanzungen sich wohl zwei Seemeilen weit am linken Ufer des Flusses hinziehen, der Anker geworfen wurde.

Bis hierher sind die Ufer des Flusses dicht bewachsen. Hinter Jumbo herrschten anfangs noch Mangrovebäume vor; später setzte der Wald sich hauptsächlich aus Akazien und Tamarinden zusammen, zwischen denen Dumpalmen, Affenbrotbäume und afrikanische Eichen, hier und da mit Schlingpflanzen verwachsen, bald einzeln bald gruppenweise standen. Auf dem linken Ufer ließ sich öfters die große, fast baumlose Grasebene sehen, welche den ostafrikanischen Küstenstrichen ihr Gepräge gibt, und bei den Ortschaften bebautes Land mit … Mtama, mit Mais, Bananen, Melonenbäumen und etwas Zuckerrohr. Paviane und Meerkatzen mit weißem Halsbande belebten den Wald, Krokodile und Flusspferde das Wasser, Königsfischer, weiße Reiher, Enten und andere Wasservögel die Grenze zwischen beiden, die Sandbänke und niedrigen Uferstellen. Hier und da saß auch auf einem einzelnen Baum ein weißköpfiger Adler …

Am Morgen des sechzehnten gelangte der WELF in zweistündiger, durch keinen Unfall unterbrochener Fahrt nach der Ansiedlung Hindi. Eine Menge Leute kamen an das Ufer und begrüßten das noch nie gesehene Wunderschiff mit Jauchzen und Lärmen. Da man sich hier Lebensmittel versprechen durfte, wurde Abdio ben Nur an Land geschickt; ihm folgte nach einiger Zeit der Baron mit Linck. […] Die Ältesten der Stadt nahmen den Reisenden freundlich auf und schenkten ihm eine Ziege und ein Schaf. […] Um ein Stück Wild zu erlegen, besuchte der Baron mit Linck, Brenner und den beiden Dolmetschern am 17. das rechte Ufer des Flusses. Sie durchdrangen in etwa zehn Minuten den aus dicht verschlungenem Laubholz und Gruppen von Dum- und anderen Palmen bestehenden Uferwald und gelangten dann in eine weite Ebene mit mannshohem Gras. Vom Tau bis an die Schultern durchnässt, kehrten sie nach einigen Stunden zurück, doch ohne Beute. In Folge der Erkältung bekam der Baron Anfälle von Fieber und Dysenterie, welche ihn noch in den nächsten Tagen arg beschäftigten. Die Mannschaft hatte den Aufenthalt bei Hindi benutzt, um einen Vorrat Brennholz an Bord des Schiffes zu bringen.

Am 18. August setzte sich der WELF wieder in Bewegung. Die Heizer waren jetzt schon besser eingerichtet; der Dampfdruck sank nie unter acht Pfund herab, hielt sich sogar meistenteils auf fünfzehn Pfund oder einer Atmosphäre Überdruck, und die Fahrgeschwindigkeit betrug trotz der starken Strömung durchschnittlich drei Seemeilen die Stunde. An kleinen Unfällen fehlte es jedoch auch heute nicht. Das Schiff geriet mehrere Male auf Grund und verlor durch den Stoß mehrere Zeltstangen, den Flaggenstock, ein[en] Wasserfilter und ein Glasfenster. In dem Uferwalde traten zum ersten Mal Kasuarinen[34] und einzelne Ricinusstauden auf, und an vielen Stellen waren die von Schlinggewächsen überwucherten Bäume unter der Last der Schmarotzerbedeckung abgestorben. Die bebauten Strecken am linken Ufer des Flusses nahmen an

Zahl und Ausdehnung zu. Es wurden vier Dörfer … passiert, alle von Wasegua bewohnt; bei einer fünften Ortschaft Namens Manamsunde ging der WELF vor Anker.

In Manamsunde wohnen außer Sklaven … hauptsächlich Wasegua. … Für Ihre Lebensmittel forderten sie so hohe Preise, dass der Baron sich genötigt sah, den Handel abzubrechen; sie schienen zu glauben, dass ihre Ware unentbehrlich wäre. Am andern Tage jedoch gingen sie mit den Preisen herunter, da sie wohl einsahen, dass sie es mit einem Manne von festen Entschlüssen zu tun hatten. Der Verkehr mit ihnen war fortan ein sehr freundschaftlicher: die Ältesten brachten drei Ziegen an Bord und erklärten in übermäßiger Begeisterung oder Demut, dass sie Alle des »großen Herrn« Sklaven wären und ihn sogar höher achteten als den Mulungu d.i. Gott.

Von Manamsunde an waren die Krümmungen des Flusses bei Weitem nicht mehr so bedeutend wie bei Hindi. An Stelle der Ansiedelungen der Sklaven und der Wasegua traten jetzt, ebenfalls am linken Flussufer, kleine Dörfer oder einzelne Hütten der Wabuni, eines zerstreut lebenden und halb unterdrückten Gallastammes. In den zwei folgenden Reisetagen passierte man vier solcher Niederlassungen. Wo die Hütten nicht bereits leer standen, flüchteten die Insassen eiligst beim Nahen der Fremden, obgleich ihnen der Dolmetscher ermutigende Zurufe nachsandte; wahrscheinlich hatten sie Grund genug, jedem Fremden schlimme Absichten zuzutrauen. […]

Nachdem der WELF am 25. und 26. August wieder gehalten hatte, um neues Brennholz einzunehmen, gelangte er in siebenstündiger Fahrt nach Wegere. Dicht hinter der Ortschaft stieß er plötzlich, ohne dass irgendein Anzeichen die Gefahr verriet, mit Gewalt auf den Grund. Er saß auf einem Steinhaufen fest und drehte sich, als die Maschine nicht mehr arbeitete, wie auf einem Zapfen ringsum. Rückwärtsgehen, zur Seite ziehen mit einem an Land befestigten Taue, Ausschiffen der Ladung aus dem Vorderteil, alles nützte nichts, sodass man sich entschließen musste, auch die Kohlen zu löschen. Erst am Nachmittag des folgenden Tages, als das Schiff vollständig ausgeräumt war, kam man wieder frei; man ging in angemessener Entfernung von der gefährlichen Stelle, einige hundert Schritt weit stromabwärts, vor Anker. Folgenden Tages wurde die Ladung wieder eingenommen, dann noch ein Tag auf Holzfällen verwendet.

---

34 Bäume, die zu einer Pflanzengattung aus der Ordnung der Buchenartigen gehören. Sie wachsen in Wäldern oder Trockengebieten; ihre Zweige erinnern an Schachtelhalme.

Während die Mannschaft am Schiffe beschäftig war, hatte Decken die Ortschaft Wegere besucht, in welcher er schon vorher durch ausgesandte Boten hatte Erkundigungen einziehen lassen. Die Einwohner waren bei beiden Besuchen sämtlich geflohen, und zwar in solcher Eile, dass sie ihre Kochtöpfe mit türkischem Weizen[35] nicht einmal vom Feuer genommen hatten. […]

Am 31. morgens sechs Uhr konnte die Reise wieder fortgesetzt werden. Der WELF fuhr nach Kurzem noch einmal fest, kam aber bald wieder los und hatte um acht Uhr glücklich die schlimmen Stellen hinter sich. Eine Stunde darauf zeigte sich am linken Ufer wiederum eine ziemlich ausgedehnte Ansiedlung namens Schone. Man hielt sich jedoch hier nicht auf, sondern fuhr bis Nachmittag drei Uhr weiter und ging sodann vor einem freien Platze vor Anker, welcher sich trefflich für astronomische Beobachtungen eignete. Der Aufenthalt verlängerte sich einige Tage, weil ein kleines Leck zu stopfen und das eine Schaufelrad auszubessern war.

Währenddessen wurden verschiedene Ausflüge auf dem rechten Ufer des Flusses unternommen. Die Jagd fiel im Allgemeinen zur Zufriedenheit aus. Es wurden namentlich eine Menge Perlhühner, unter ihnen auch das farbenschöne Geier-Perlhuhn (Acriyllium vulturinum Hardw.) erbeutet. […]

Das Fleisch der Perlhühner ist weiß, zart und außerordentlich wohlschmeckend; alte Hühner müssen freilich etwas lange kochen, werden aber stets weich und geben mit Reis eine kräftige, wohlschmeckende Suppe. Den Mitgliedern der Juba-Expedition waren Perlhühner stets die angenehmste Beute.

Bei dieser Gelegenheit sei es gestattet, noch die anderen während der Flussfahrt beobachteten Tiere zu erwähnen. Antilopen verschiedenster Art waren überaus häufig […] Büffel wurden bisweilen in starken Herden gesehen und auch einigemal erlegt. Das mehr einzeln lebende Nashorn zeigte sich seltener, dagegen erregte sein dickhäutiger Vetter im Wasser, das Flusspferd, gar häufig die Jagdbegierde der Reisenden, obschon ihm gewöhnlich nicht viel angehabt werden konnte. […]

Unter allen auf dieser Reise gesehenen Tieren nahm das Krokodil die Aufmerksamkeit am meisten in Anspruch. Noch nirgends bisher … hatten sich die Krokodile in solcher Menge gezeigt wie im Juba. Schon in der Nähe von Jumbo waren öfters Sandbänke im buchstäblichen Sinne des Wortes von ihnen bedeckt, und auf der Fahrt sah man fast jede Stunde ihre schwarzen Schnauzen oder Teile des zackigen Rückens

---

35 Zeitgenössischer, altertümlicher Begriff für Mais.

Geierperlhuhn.

aus dem Wasser hervorragen. Bei ihrer Trägheit und Unbeweglichkeit hielt man die Krokodile öfters für Baumstämme, sowohl wenn sie auf dem Trockenen sich sonnten, als wenn sie im Wasser sich langsam stromabwärts treiben ließen: nicht selten machte dann der WELF eine seitliche Wendung, um einer von dem Wachtposten angezeigten »Gefahr« zu entgehen, welche jedoch bei dem Näherkommen geräuschlos verschwand, mithin eines der scheußlichen Wasserungeheuer war. […]

Die Anwohner des Flusses kennen die große Gefahr, welche ihnen von den Krokodilen droht, sehr genau. Sie nähern sich deshalb dem Flusse nur mit äußerster Vorsicht und gehen niemals ohne dringende Veranlassung in das Wasser. Noch mehr Furcht zeigten die Neger der Expedition; war z.B. ein Boot auf den Grund gestoßen, so konnten sie, selbst in so seichtem Wasser, kaum zum Aussteigen bewegt werden, obwohl dieses unbedingt nötig war, um wieder flott zu kommen. Und sie hatten recht, sich tunlich in Acht zu nehmen; denn im Laufe der Expedition fielen mehrere von ihnen, welche gezwungenermaßen durch den Fluss schwammen, den Bestien zum Opfer. […]

Anfangs schossen die Mitglieder der Expedition öfters auf Krokodile, erlegten auch mehrere derselben; später aber hielten sie dieses lästige Ungeziefer des Wassers keiner Kugel mehr wert: sie machten es wie die Eingeborenen und ließen leben, was sie einmal nicht ausrotten konnten. […]

Während des langen Aufenthaltes auf Station XVI. der Flussfahrt begaben sich eines Tages der Feuerwerker Deppe und der Koch Theiß, welche bisher noch wenig vom Schiffe weggekommen waren, auf den Weg, um sich das Land ein wenig anzusehen. Obwohl ursprünglich nicht gesonnen, der Jagd zu obliegen, ließen sie sich doch zur Verfolgung einer angeschossenen Antilope hinreißen und entfernten sich dabei so weit vom Schiffe, dass sie schließlich nicht mehr wussten wo aus noch ein. …Vom WELF aber war keine Spur zu sehen. Wohin sollten sie nun gehen, stromauf- oder stromabwärts? […]

Sie fühlten nicht mehr die Kraft, sich zu Lande weiter zu arbeiten, zumal sie sich verlassen wähnen mussten; sie beschlossen, ein Floß zu bauen, um sich vom Strome nach der nächsten menschlichen Wohnstätte hinabtreiben zu lassen. Sofort begannen sie, mit dem Hirschfänger auf das eisenharte Holz loszuhauen. Als die Nacht hereinbrach, hatten sie bereits zwei tüchtige Stämme gefällt und zum Wasser geschleift, einen dritten aber zur Hälfte abgehauen. Dann legten sie, um während des Schlafens keine Zeit zu verlieren, noch Feuer an mehrere geeignete Bäume. […]

Eben waren sie dabei, einen abgebrannten Baumstamm dem Flusse zuzuwälzen, als ein Geräusch wie von menschlichen Stimmen in einiger Entfernung ertönte. … Die Leute kamen – es waren Bekannte vom Schiffe, welche der Baron nach ihnen ausgesandt hatte. Ein wunderbar freudiges Gefühl bemächtigte sich der Verirrten, sie waren nun wirklich gerettet! […]

Am 5. September setzte der WELF sich wieder in Bewegung. Er erreichte nach wenigen Stunden eine kleine Anpflanzung Namens Sorori und fuhr dann in mittelmäßigem Fahrwasser bis gegen Abend weiter. Den folgenden Tag fand er im Flusse oft nicht mehr als 3 bis 3½ Fuß Tiefe, sodass er unzählige Male auffuhr, ohne dass jedoch das Loskommen große Mühe verursacht hätte. Abends fünf Uhr ankerte er in fünf Fuß Wasser. Am 7. September wurde gehalten, um im Voraus zu sondieren, und am 8. wieder weiter gefahren. Kaum war man jedoch zwei bis drei Seemeilen weit gekommen, als man von Neuem aufsaß, diesmal aber ebenso fest wie vorher bei Wegere. Dort wo der Fluss oft nur fünfzig Schritt breit war, hatte die Schwierigkeit ihren Grund in dem starken Gefälle, während hier jedenfalls die starke Verbreiterung des Flussbettes daran schuld war. Abdio, Kero und Baraka, ein aus Schonde mitgenommener Führer, beschworen den Baron, doch umzukehren, da er sicherlich mit seinem Schiffe die Stadt Bardera nicht erreichen würde. Das Umkehren schien aber ebenso misslich als die Weiterfahrt, weil man auf dem Rückwege dieselben Schwierigkeiten wie vorher nochmals zu überwinden gehabt hätte; daher beschloss man, unverzagt bis zur äußersten Grenze der Fahrbarkeit vorzudringen. Der Erfolg rechtfertigte diesen Entschluss; denn am 9. wurde das Fahrwasser schon weit besser, und am nächsten Reisetage konnte man mehrere Stunden ohne irgendwelches Hindernis weiter fahren. Tages darauf musste freilich schon wieder gehalten werden, aber nicht wegen ungenügender Wassertiefe, sondern weil neues Feuerholz eingenommen werden musste. Der bedeutende Holzverbrauch – die Kohlen sollten ja so viel als möglich geschont werden – schien überhaupt die meiste Schuld an dem langsamen Vorwärtskommen zu haben, da er es unmöglich machte, mehr als höchstens zwei Tage hintereinander zu dampfen. Infolge der häufigen Halte gingen denn auch die Lebensmittel rasch auf die Neige, und der Einkauf dieser verursachte neuen Verzug. Ein Glück noch, dass man von Zeit zu Zeit eine Ansiedelung traf, so auch jetzt am 12. wieder ein großes Somalidorf inmitten eines gutbebauten Landstriches. […]

Seit Sorori hatten die Ufer des Flusses sich wesentlich verändert; der zumeist nur noch aus Dumpalmen und Mimosen bestehende Wald war

Die Verirrten bauen sich ein Floß.

dünner geworden, und öfter als vorher trat die Grasebene bis dicht an den Fluss. Hügel von Sandstein, Tonschiefer oder Kalk zeigten sich zuweilen in unmittelbarer Nähe des Wassers, und die Uferwände selbst nahmen häufig ein geschichtetes Aussehen an. In 2° 3′ nördl. Br. sah man von einem etwa hundert und siebzig Fuß hohen Hügel über ein ziemlich unebenes Land; weiterhin, einige sechzig Meilen nach Nordwesten, gewahrte man sogar beträchtliche Berge. Dies alles, auch die größere Seichtigkeit des Fahrwassers, deutete darauf hin, dass man nun den Unterlauf des Flusses hinter sich hatte.

Am 15. September konnte mit nur einer einzigen Unterbrechung wieder neun Stunden lang vorwärts gefahren werden. Es wurde die ansehnliche Strecke von neunzehn Seemeilen durchmessen. An einer Stelle, wo zwei Hügelketten von beiden Seiten des Flusses nahe an das Wasser herantraten, legte der WELF nochmals an. Leider war das Holz hier sehr spärlich; bloß dicht am Ufer fand sich noch ein schmaler Saum von Bäumen, und noch dazu fast nur Dumpalmen und dürftige Mimosenarten, welche kein besonders gutes Heizmittel abgeben. Der 16. wurde zum Holzfällen verwendet, am 17. aber legte man wieder ein beträchtliches Stück Weges zurück, allerdings in nicht ganz befriedigender Richtung, da neunundzwanzig Meilen geradliniger Fahrt das Schiff vielleicht nicht mehr als die Hälfte dieser Entfernung vorwärts gebracht hätten. Nachdem dann wieder ein Tag auf Holzfällen und wissenschaftliche Beobachtungen verwendet worden war, gelangte man am Vormittag des 19. endlich in Sicht des berühmten Bardera. Dicht vor der Stadt saß der WELF noch einmal auf, arbeitete sich aber bis gegen Abend wieder frei und ging etwas oberhalb derselben nahe dem linken Ufer vor Anker.

Bardera und die Somali

[…] Schon am 9. September vormittags 11 Uhr, beim ersten Aufsitzen unterhalb Bardera, hatte der Baron den Abani nebst den beiden Baraka und dem Dolmetscher Kero an Land geschickt, um seine Briefe abgeben und frische Lebensmittel beschaffen zu lassen. Am anderen Morgen kamen die Abgesandten an Bord zurück. Lebensmittel brachten sie nicht mit, und ihre Neuigkeiten waren nicht die besten. Zwei Stunden oberhalb Bardera, sagten sie, hemme ein großer Wasserfall die Weiterfahrt, auch seien die Bewohner von Bardera und Ganane in Krieg verwickelt; Ganane liege noch zehn bis fünfzehn Tagemärsche entfernt. Weil Abdio schon von allem Anfang an sich außerordentlich furchtsam erwiesen hatte, so hegte man einiges Misstrauen gegen diese Berichte; vielleicht hatte er sie eigens erfunden, um den Baron von der Weiterreise zurückzuschrecken, oder er hatte sich von den Barderanern allerhand Lügen aufbinden lassen. Nach 9 Uhr morgens ging Decken selbst an Land. Der Sultan oder Scheich des Ortes, Hammadi ben Kero, empfing ihn mit arabischer Höflichkeit. Er bestätigte im Allgemeinen die von Abdio überbrachten Nachrichten, wennschon nach ihm die Aussichten bei weitem nicht mehr so schlimm waren. Die Feindseligkeit mit den Bewohnern von Ganane wenigstens war erlogen, nur das schräg gegenüberliegende Dorf Lala lebte im Streit mit ihnen; der Weg nach Ganane sollte nur vier bis fünf Tagereisen erfordern. Als Gastgeschenk wurde ein Ochse an Bord geschickt, in das Boot aber ein Sack Mtama, ein Gefäß mit Milch und eine Anzahl Hühner und Eier gelegt. …

Dem Anschein nach genoss Hammadi ben Kero nicht gerade viel Einfluss. Ihm zur Seite stand der gleichfalls beim Empfange gegenwärtige Scheich Ameio, der wohlhabendste Mann der Stadt, ein »Bruder« des Scheichs Jigo in Brava, also ein Verwandter Abdio's. Nachmittags besuchte Decken die Stadt noch einmal, diesmal in Begleitung von Schickh, Linck und Trenn. Ein großes Gefolge empfing sie und begleitete sie beim Abschied nach dem Boote zurück.

Am 21. fuhr der Baron mit Abdio und dem Scheich Ameio nach der Ortschaft Lala. Diese ist bedeutend kleiner als Bardera, und nicht durch eine Mauer geschützt. Der Häuptling sowohl wie die Einwohner zeigten ein freundliches Verhalten, ließen sofort eine Ziege schlachten und schenkten einen Ochsen zum Mitnehmen auf das Schiff. Zu erhandeln war von ihnen durchaus nichts, weil sie gar zu übertriebene Forderungen stellten.

Auch in Bardera zerschlug sich tags darauf der Handel. Decken erklärte den Verkäufern, solche Preise zu fordern, sei ebenso gut wie Stehlen. Um aber zu zeigen, dass er nicht geizig sei, schenkte er den beiden Ältesten je ein Stück Zeug; sie nahmen es kaltblütig an, maßen sorgfältig nach, ob es auch die gehörige Länge besäße, schienen sich aber nicht im Geringsten beschämt zu fühlen. Abdio benahm sich bei diesen Verhandlungen so albern, dass Kero dem Baron heimlich bemerkte, dieser Mann werde den Msungu noch in Unannehmlichkeiten mit den Leuten verwickeln. Nach langen Reden versprach der Sultan endlich, acht bis zehn Säcke Mtama zu liefern. Abdio erhielt den Auftrag, sie in Empfang zu nehmen, kam aber demselben nach seiner gewöhnlichen Art nicht nach, und so war das Getreide am andern Tage wieder verschwunden. Zuletzt gelang es dem Baron, noch selbst einige Schafe und mehrere Säcke Korn zu erhandeln: er musste, wie er einsah, alles

Bardēra.

I. Platz der Ermordung v. d. Decken's. II. Platz der Ermordung Dr. Linck's. III. Wohnung v. d. Decken's und Dr. Linck's.
IV. Wohnung des Sultahns Hadschi Ali ben Kero. V. Moschee. VI. Ruinen der alten Stadt.

selbst tun, denn Abdio hatte in der ganzen Zeit des Aufenthaltes vor Bardera erst ein einziges Schaf gekauft. Dass man in zwei verhältnismäßig bevölkerten und nicht ganz armen Ortschaften nicht mehr Lebensmittel beschaffen konnte, war offenbar nicht in Ordnung, und die Vermutung lag nahe, dass irgend welche Ränke hieran Schuld wären. In der Tat erfuhr auch Decken eines Tages, dass Hammadi ben Kero den Befehl gegeben habe, den Europäern nichts zu verkaufen. Der kleine Scheich ging, da dieses nichts fruchtete, in seiner Unverschämtheit so weit, dem Baron durch Abdio glückliche Reise wünschen zu lassen, d.h. warf ihn auf höfliche Weise zur Stadt hinaus. Ob man diese Verschlechterung der Beziehungen dem Abdio zu verdanken hatte, oder ob die Leute aus eigenem Antriebe so handelten, war nicht klar zu ersehen.

Um in einem so schwierigen Falle nicht allein zu entscheiden, besprach der Reisende die nun zu ergreifenden Maßregeln mit Schick[h]. Der Kapitän riet, weiter stromaufwärts zu fahren, da man vielleicht bald andere Dörfer träfe, in denen der Handel minder schwierig wäre. Decken aber war anderer Ansicht: er hatte nur noch auf drei Tage Lebensmittel für die Mannschaft und fürchtete, in große Unannehmlichkeiten zu geraten, wenn er weiter oben keinen besseren Markt fände. Gaben die Barderaner nicht gutwillig nach, so blieb ihm Nichts übrig, als Gewalt gegen sie zu brauchen, so unangenehm ihm dieses war, schon deshalb, weil dann die Wasserstraße des Juba für seine Expedition, und vielleicht noch für lange Zeit danach, verschlossen gewesen wäre. Damit nichts unversucht bliebe, schickte er Abdio nochmals an Land und ließ Ameio bitten, an Bord zu kommen; er gedachte ihn so lange zurückzuhalten, bis man Lebensmittel in genügender Menge geliefert hätte. Wider Erwarten erschien Ameio nach Verlauf einer Stunde und erklärte, dass er erst jetzt von diesen Vorgängen erfahre, da er einige Tage lang in Geschäften verreist gewesen sei; wie Hammadi ben Kero solche Befehle erlassen könne, begreife er nicht, da jener gar nicht die Macht habe, sie durchzusetzen. Er für seine Person sei gern erbötig, den verlangten Proviant zu beschaffen, wolle auch den Scheich zur Abbitte zwingen.

Nach diesen Erklärungen wurde Ameio ungehindert entlassen. Von seinem Benehmen hing jetzt, wie man wohl sagen darf, das Schicksal der Stadt ab; denn, hielt er sein Wort nicht und spielte mit den Anderen unter einer Decke, so war ein blutiges Zusammentreffen unvermeidlich. Zum Glücke lief noch alles gut ab. Als Decken am Morgen des 24. an Land kam, brachte man ihm einen Ochsen zum Geschenk, zwei andere zum Preise von je vier Talern und drei Schafe für je einen Taler zum Verkaufe. Außerdem wurden im Dorfe Lala noch hundert Maß

Mtama sowie eine Menge Eier und Hühner erhandelt, sodass die Mannschaft für zwölf Tage reichlich versorgt war. Am Nachmittag trat Hammadi ben Kero dem Baron entgegen, legte seinen Turban auf die Erde und bot die Hand zur Versöhnung; als einzigen Entschuldigungsgrund gab er an, dass der Teufel in ihn gefahren wäre. Der Baron, noch empört von dem Verhalten des Scheichs, ging an ihm vorüber und wandte sich zu Ameio mit der Bemerkung, dass er mit Hammadi ben Kero nichts mehr zu tun haben wolle. Zum Zeichen jedoch, dass er nicht feindlich gesinnt sei, schickte er ihm durch Abdio ein Geschenk von achtzig Yard Amerikano und fünf Talern; eine gleiche Summe, aber die doppelte Menge Baumwollzeug, erhielt Ameio.

Es wurde nun alles zur Abreise fertig gemacht. Leider entlief in der Nacht ein am Lande angebunden gewesener Ochs, auch wurde eine noch versprochene Menge Korn nicht gebracht, sodass an dem Proviant ein Ausfall von zwei Tagen entstand. Das Geld für den entlaufenen Ochsen wurde allerdings zurückgezahlt, doch änderte dieses den Sachverhalt nicht viel, da man ja, wenn Not eintrat, von dem Gelde nicht leben konnte. Früh sechs Uhr am 25. setzte sich der Welf in Gang; kurz nach elf Uhr erreichte er den sogenannten Wasserfall.

Ende der Expedition

Ein eigentlicher Wasserfall war es nicht, was hier den Fluss versperrte, doch immerhin ein bedenkliches Hindernis der Weiterfahrt. Der Strom schoss mit einer Geschwindigkeit von etwa sechs Seemeilen über einen stark geneigten, mit Steinen bedeckten Grund dahin; diese Geschwindigkeit aber war nahezu die äußerste, welche der Welf bei voller Dampfkraft zu erreichen vermochte. Dazu war es zweifelhaft, ob das Fahrwasser überhaupt genügende Tiefe besaß, um dem Schiffe den Durchgang zu gestatten. Um sich vor allem hierüber Gewissheit zu verschaffen, schickte der Baron sofort ein Boot zum Sondieren aus. […]

Da der Welf bei seiner jetzigen Ladung gegen drei Fuß Tiefgang hatte, war es ein sehr missliches Unternehmen, ihn über die Stromschnelle hinwegzuführen. Vermehrt wurde die Schwierigkeit dadurch, dass die Fahrstraße nur achtzig bis hundert Fuß breit und am Beginn der Schnelle überdies durch eine Sandbank verengt war. … Nunmehr lernte man erst den Schaden, welcher der Expedition durch den Verlust des Passepartout erwachsen war, in seinem vollen Umfange kennen: in Besitz des kleinen, leicht zerlegbaren Dampfers hätte selbst ein Wasserfall das Vordringen der Expedition nicht hemmen können!

Decken überlegte mit Kapitän von Schickh, was jetzt geschehen sollte. Misslang der Versuch, die Schnelle zu überwinden, so war voraussichtlich das Schiff ein unbrauchbares Wrack; wurde er gar nicht unternommen, so konnte es wenigstens noch dazu dienen, die schwächeren Mitglieder der Expedition, welche an der Landreise nicht teilnehmen konnten, sowie die überflüssigen Gegenstände nach der Küste zurückzubringen. Trotzdem war der Anreiz groß, den Versuch zu wagen; denn oberhalb der schlimmen Stelle hatte man mehrere Meilen weit vortreffliches Fahrwasser gefunden, und nach den Aussagen der Eingebornen durfte man hoffen, den Fluss noch eine gute Strecke jenseits der berühmten Handelsstadt Ganane benutzen zu können. Außerdem hatte man in Bardera vernommen, dass ein anderer Dampfer den Fluss heraufkäme und schon bis zu den Waseguadörfern vorgedrungen wäre. Die Wahrheit des Gerüchtes ließ sich kaum bezweifeln, da das gesehene Schiff so genau beschrieben wurde, dass man ohne Weiteres einen Schraubendampfer erkannte, und die Leute doch einen solchen noch niemals gesehen hatten. Welches Schiff es war, blieb freilich zweifelhaft. Nur die Annahme, dass Livingstone mit seiner LADY NYASSA den Fluss heraufkam, hatte einigen Anspruch auf Wahrscheinlichkeit, obwohl dem Baron nicht unbekannt war, dass Livingstones Dampfer sieben Fuß Tiefgang hatte, also viele Stellen ohne besondere Vorrichtungen nicht hätte überwinden können, und obwohl es unbegreiflich blieb, wie ein Mann von Livingstones Rufe es vor der Welt rechtfertigen wollte, einen Fluss zu befahren, welchen ein Anderer schon zum Felde seiner Forschung erwählt und bereits mit so großen Opfern zu erforschen begonnen hatte: er hätte doch auf jeden Fall warten müssen, bis dieser seine wohl erworbenen Anrechte freiwillig aufgab oder sich als unfähig erwies. Welche von diesen Überlegungen das meiste Gewicht hatte, mag hier unentschieden bleiben; gewiss ist nur, dass Decken den Entschluss fasste, soweit wie irgend möglich mit dem Schiffe vorzudringen. Der Dampfer sollte nachmittags 2 Uhr dicht am linken Ufer des Flusses hinauffahren, weil hier eine verhältnismäßig geringere Strömung war. Brenner wurde mit einigen Negern ausgeschickt, um einige überhängende Bäume umzuhauen und andere sichtbare Hindernisse der Fahrt tunlichst zu entfernen.

Zur bestimmten Zeit wurden die Anker gehoben. Die Spannung im Kessel betrug anfangs dreißig Pfund, ging aber bald mehr und mehr zurück. Dennoch bewegte der WELF sich langsam vorwärts. Unmittelbar vor der Schnelle angelangt, fühlte man plötzlich einen Stoß. Das Kommando »halt!« erschallte sofort, aber im nächsten Augenblicke schon, als der Strom das Schiff eben rückwärts trieb, stieß es mit dumpfem Krachen von Neuem auf. Ein leises Zittern durchlief das Fahrzeug und – es saß fest, trotz Strömung und Dampfkraft. Noch schien nicht alle Hoffnung verloren, denn der WELF war ja schon öfter auf Grund geraten und doch immer wieder losgekommen. Bald jedoch wurde es allen klar, dass zwischen dem früher und dem jetzt Geschehenen ein großer Unterschied obwalte. Aus dem Maschinenraume drang ein Rufen und Lärmen empor: das Wasser drang mit Macht in den Raum! Schon bedeckte es den Boden, und mit unglaublicher Schnelligkeit stieg es immer höher, bis es innerhalb in gleicher Höhe mit der Fläche des Stromes stand!

Wie in allen solchen Fällen bewahrte auch hier der Baron eine bewundernswerte und unerschütterliche Ruhe. Gelassen und mit Umsicht erteilte er die nötigen Befehle zur Bergung der Güter, bestimmte am rechten Ufer des Flusses einen kleinen, ringsum von Wald begrenzten Platz zum Lager und ließ die Ladung in den Booten dorthin schaffen; dann ließ er die Lecke genauer untersuchen und erwog die Möglichkeit, das Schiff wieder flott zu bringen. Vier große, spitzige Steine hatten sich in den Schiffsboden eingedrückt und ragten nun vier bis fünf Zoll weit in den Raum hinein; auf ihnen saß der WELF wie festgenagelt. Er hatte sich in dem Maße, wie das Wasser eindrang, immer tiefer in das Riff gedrückt. Hätte er, wie die Nilboote, vorn geringeren Tiefgang gehabt als hinten, so hätte er in dieser Weise niemals festfahren können oder wäre wenigstens leichter von der Untiefe wieder abgekommen – ein Umstand, welcher künftighin bei dem Bau von Dampfschiffen für Befahrung unbekannter Flüsse sorgsam beachtet werden sollte.

Um die nicht ohne Mühe aufgefundenen Lecke zu dichten, mussten diesmal ungewöhnliche Mittel ergriffen werden. Man befestigte, sobald die Güter in Sicherheit gebracht waren, über jedem der eingedrungenen Steine einen hölzernen Kasten, über den Längsrissen aber filzbeschlagene Bretter, und zwar vermittelst Stangen, welche sich gegen die Deckwand stützten. Deppe und Bringmann nebst einigen Negern hatten mit dieser Arbeit drei volle Tage zu tun, zumeist bis an den Leib im Wasser stehend. Dann wurde an das Fortschaffen des eingedrungenen Wassers gegangen. Durch Menschenkraft hätte sich dieses kaum bewerkstelligen lassen; es wurde daher der Kolben der Maschine von der Hauptwelle abgekuppelt und eine Verbindung der Schaufelräder mit den Pumpen hergestellt, so dass eine Art Schiffsmühle entstand. So gaben die hurtig arbeitenden Räder dem Wrack einen Schein von Beweglichkeit und Leben, während es doch hilfloser war als je.

Inzwischen waren am Lande fünf Zelte aufgeschlagen worden. In dem größten wurden Zeugballen, Gewehre und Schießbedarf unterge-

SKIZZE DES LAGERPLATZES BEI DEN STROMSCHNELLEN.

sehr tief

Stromschnelle

Stromschnelle

bewaldet

Hyppopotamus

toter Arm

Felsiger Grund

4–5 Fuss

Wald

Wrack des *Welf*

Des Barons Zelt (Brenner)
Thomas Deppe
Kohlen
Schick
Brenn
Tisch
Kanter

Zelt
Zelt
Zelt

JUBA FL.

Höhenzug von ca. 350' Höhe; dünn

Gebüsch

bracht, in einem zweiten die Instrumente, Arzneien u.s.f.; die Geschütze und andere Gegenstände, welche durch Regen nicht verdorben werden konnten, blieben im Freien am Strande stehen, erstere ohne Lafetten. An eine Befestigung des Lagers durch einen Dornverhau dachte man nicht sogleich, weil dringlichere Arbeiten vorderhand alle Kräfte in Anspruch nahmen. Übrigens fürchtete man nichts weniger als einen Angriff; hatte man doch schon mehrere Male die Waren an Land geschafft, ohne eine Feindseligkeit erfahren zu haben, wie ja auch auf den verschiedenen Jagdstreifereien niemand in Gefahr gekommen war. Man fühlte sich eben vollkommen sicher und ergriff keine Vorsichtsmaßregeln weiter, als dass man die Nacht über einige Mann an Land schlafen ließ und an beide Enden des Lagers je eine Wache mit scharfgeladenem Gewehre stellte.

Der Baron hatte sich schon am Tage nach dem Unfalle entschlossen, in seinem Boote nach Bardera zurückzufahren, um neue Lebensmittel einzukaufen; denn der ganze Vorrat für dreißig Mann bestand nur noch in einigen Säcken Mtamakorn, vier Fass Schiffszwieback, zwei Ziegen und etwas eingemachtem Fleisch und Gemüse in Blechdosen. Linck, Abdio, die Führer oder Dolmetscher Baraka und Kero nebst vier der anscheinend zuverlässigen Neger sollten ihn begleiten; Brenner sollte diesmal zurückbleiben, damit das Lager nicht ohne Aufsicht wäre, indes die Anderen im Schiffe arbeiteten. Sie nahmen zwei Doppelgewehre nach Lefaucheur[36], je vierzig Patronen, zwei Revolver und scharfe Haumesser mit; die Neger aber erhielten vier Karabiner mit fünfundsiebzig Stück Kugelpatronen. Als Tauschmittel hatte Decken mehrere Ballen Zeuge, Perlen u. dgl. zurechtgelegt, dazu eine Summe von sechshundert (?) Talern teils in Gold, teils in Silber. Er wollte möglichst bald von der Stadt aus Lebensmittel schicken und einen Brief mit Maßregeln über das weitere Verhalten der Expeditionsmitglieder, während er selbst zu Lande nach Ganane ginge, um dort alles Nötige für die Weiterreise vorzubereiten. Für den Fall, dass die WELF nicht wieder flott zu bringen wäre, sollte aus dem Holzwerke des Schiffes ein Boot oder Floß gebaut werden. Mit den Worten: »leben Sie wohl, ich denke, in vierzehn Tagen sehen wir uns wieder!« bestieg er am 28. September vor Tagesanbruch die Gig, winkte noch einmal zum Abschied nach dem WELF hinüber und verschwand dann hinter der nächsten Biegung des Flusses. Keiner der zurückgebliebenen Europäer hat ihn je wiedergesehen.

---

36 Gemeint ist hier der in Paris tätige Büchsenmacher Casimir Lefaucheux (1802–1852).

Am 30. September waren die Arbeiten am Schiffe und im Lager größtenteils beendet. Der folgende Tag, ein Sonntag, wurde der Erholung gewidmet. Die Jäger gingen vormittags auf die Pirsch, wobei sie das Glück hatten, unter anderem Wilde ein großes Flusspferd zu erlegen; nach Tische sollte das Lager mit einer Verschanzung umgeben werden. Es war gegen 1 Uhr mittags; die Europäer hatten es sich im Schatten der Zelte und des Gebüsches umher bequem gemacht, und die Neger erfreuten sich nicht minder des süßen Nichtstuns. Da rief auf einmal Trenn, welcher am oberen Rande des Lagers hinter einem Tische saß und las: »Herr von Schickh, sehen Sie doch, drüben am andern Ufer sind eine Menge Eingeborene! Was mögen die wollen?« Der Kapitän erwiderte: »Ah, das werden die Boten vom Baron sein, die den versprochenen Brief und das Schlachtvieh bringen.« Jetzt ertönte von drüben der Ruf herüber: »hohohoi, dore ken« (bringt ein Boot). Infolge dessen wurde das Großboot bemannt, und Sereng, ein mit dem Landungsdienste betrauter arabischer Mischling, erhielt den Befehl, nach dem anderen Ufer zu fahren und zu fragen, was die Leute wollten, doch unter keinen Umständen jemand in das Boot zu lassen. Da Sereng sich drüben in allzu lange Unterhandlungen verwickelte, wurde er zurückgerufen. Er berichtete, dass zweihundert bewaffnete Somali da wären mit der Botschaft, angeblich vom Sultan von Bardera, dass die Ladung des Schiffes auf das andere Ufer geschafft werden möchte, weil auf dem rechten ein Angriff der Galla zu befürchten wäre; vom Baron selbst brächten sie keine Nachricht. Dieser Bericht wurde in so verworrener Weise gegeben, dass man erst nach mehrfacher Wiederholung daraus klug werden konnte.

Das klang sehr befremdend, denn, war der Baron noch in Bardera, so hätte er jedenfalls einige Zeilen geschickt, und hatte er die Stadt schon verlassen, so musste doch die erwartete Sendung da sein. Wegen dieser Ungewissheit, und da die Somali, von denen zuerst drei, dann nochmals drei auf eine Sandbank oberhalb des WELF gewatet waren, wiederholt nach dem Boote riefen, schickte der Kapitän noch einmal Sereng mit dem Auftrage hinüber, einige der Leute, aber nicht mehr als sechs, nach dem Lager zu bringen, damit man Näheres von ihnen erführe. Kaum war das Boot an der Sandbank angelangt, als die sechs Somali dort sich auf dasselbe stürzten, die darin befindlichen Leute in die Flucht schlugen und sich des Fahrzeugs bemächtigten – die überrumpelte Mannschaft suchte sich durch Schwimmen zu retten. Zu gleicher Zeit ertönte ein Hornsignal aus der Schar der Somali, und daraufhin stürzten am linken Ufer zwanzig bis dreißig Krieger mit geschwungenen Lanzen zwischen Büschen und Zelten von Süden her lautlos in das Lager.

Ueberfall des Lagers durch Somali.

Die Aufmerksamkeit der Europäer wurde erst dadurch erregt, dass die Neger der Expedition, laut heulend, mit entsetzten Gesichtern an ihnen vorüber sprangen oder sich in den Fluss warfen. Deppe, welcher einen günstigen Stand hatte und alles übersehen konnte, schrie nun mit gellender Stimme: »zu den Waffen! zu den Waffen!« Aber, die am Strande Befindlichen, Trenn, Schickh, Bringmann und Kanter, waren durch den plötzlichen Überfall von den Waffen abgeschnitten; nur Letzterer hatte von der Morgenjagd her noch sein Doppelgewehr bei sich. Theiß und Deppe konnten schnell noch jeder einen Karabiner ergreifen. Der Einzige, welcher einen wirksamen Hinterlader und genügenden Schießbedarf zur Hand hatte, war Brenner. Ehe er aber noch Zeit gefunden, sich zu erheben, war das fliehende Getümmel schon an ihm vorüber; ihnen nach durcheilten furiengleich, und mit langem, fliegenden Haar und hoch geschwungenen Speeren, die dunklen Gestalten der Somali den offenen Platz im Nu. Brenner fühlte weder Furcht noch Mut; nur das deutliche Bewusstsein durchzuckte ihn, dass es jetzt zum Sterben ginge. Mit der Linken packte er die mit Posten geladene Doppelflinte, mit der Rechten tat er einen Griff in die neben ihm stehende Munitionskiste, nahm zwei Patronen zwischen die Zähne und schob die übrigen unter das offen stehende Hemd, sprang dann mit mächtigem Satze ins Freie und überflog mit einem Blicke die einzelnen mordenden und plündernden Gruppen. Ein wüstes Traumgesicht schien ihn zu necken: Kanter, welcher seine zwei Schüsse bereits abgegeben hatte, floh nach dem Flusse zu, anscheinend schwer verwundet. Fast gleichzeitig taumelte Trenn kaum zehn Schritt entfernt vorüber; er hielt die Hände weit vorgestreckt und wollte den Speer, welchen ein baumlanger Somali über ihn schwang, von sich abwehren – das Eisen aber senkte sich in die Brust des Wehrlosen, er stürzte zusammen und blieb liegen, ohne sich mehr zu rühren. Da erfasste eine namenlose Wut den wie gelähmt Dastehenden. Sein erster Schuss galt dem Mörder des lieben Kameraden – er streckte ihn neben sein Opfer nieder. Das lenkte die Aufmerksamkeit der Angreifer auf den Schützen. Einer warf seinen Speer nach ihm, aber ein wenig zu hoch; ein anderer zog eben die Sehne seines Bogens straff, doch er ward tödlich getroffen, und der Giftpfeil fiel machtlos zur Erde. Nun kamen auch Theiß und Deppe zum Feuern; aber was konnten sie mit Perkussionsgewehren[37] ausrichten, bei denen das Laden so viel kostbare Zeit in Anspruch nahm? Hätte ihr Gefährte nicht eine so herrliche Waffe gehabt, welche ihn in Stand setzte in fast ununterbrochenem Feuer zu liegen, sie wären alle verloren gewesen. Mit furchtbarer Hast schob Brenner Patrone um Patrone in den abgeschossenen Lauf. Er feuerte in kurzen Zwischenräumen noch sechs bis sieben Mal. Sein dritter Schuss traf einen Somali, der eben Kanter ermordet hatte. Ein älterer Mann mit geschorenem Haupte, anscheinend ein Häuptling, erhielt aus nächster Nähe eine Ladung aus freier Hand, weil keine Zeit zum Zielen war; einem anderen Anführer, welcher mit dem Säbel vordrang, durchbohrte Theiß mit einer Kugel die Brust. So war mancher gefallen, als die Angreifer, wie dies fast alle Halbwilden tun, wenn sie kräftigen Widerstand finden, sich einer nach dem andern zurückziehen. Das ganze Blutbad hatte nicht zehn Minuten gedauert.

Jetzt sammelten sich die Übriggebliebenen, fünf Europäer und zwei Neger, am offenen Strande. Ihre ersten Worte betrafen die Lage des Barons und des Doktor Linck, welche sich offenbar in größter Gefahr befanden, vielleicht schon nicht mehr lebten, denn die Mörder waren ja als Barderaleute erkannt worden. Dann wurde die Möglichkeit erörtert, das Lager zu halten. Da indessen die meisten keine Munition mehr hatten, und da die zurückgeschlagenen Feinde jeden Augenblick ihren Angriff erneuern konnten, galt es vor allem, sich ein Boot zu verschaffen. Brenner sandte deshalb einen wohl gezielten Büchsenschuss nach der Sandbank, wo die oben erwähnten sechs Somali das Großboot besetzt hielten. Fünf der so bedrohten Feinde flohen, der eine aber legte sich flach auf den Boden des Bootes, welches langsam den Strom hinabtrieb, bis es am linken Ufer hängen blieb. Das letzte Rettungsmittel war also die Jolle, welche am Dampfer angebunden war. Brenner, ein vorzüglicher Schwimmer, entschloss sich, sie zu holen, trotz aller Gefahren des Wassers, und obwohl er nicht wissen konnte, ob das Schiff nicht schon vom Feinde besetzt war. Einer der Neger kam ihm nachgeschwommen, und mit dessen Hilfe brachte er die Jolle nach dem rechten Ufer, wo die Anderen sofort einstiegen. Sie steuerten nach dem wieder im Besitz der Somali befindlichen Großboote, vertrieben die Insassen durch einige Schüsse und bestiegen es, als die überladene Jolle eben unter ihnen sank. Darauf legten sie sich mit dem Boote quer vor den Lagerplatz und deckten Brenner, welcher in Begleitung einiger Neger ausstieg, um Munition zu holen, mit schussfertigem Gewehre. Auf dem Rückwege von den Zelten sah sich Brenner noch die gefallenen Kameraden an: Trenns Antlitz war wachsbleich, die Augen hatten den unverkennbaren Ausdruck des Todes angenommen, es war längst jede Spur des Lebens von ihm gewichen; Kanter lag dem Flussufer näher, mit dem Angesicht auf der Erde, eine große, klaffende Wunde im Rücken und war ebenfalls völlig tot.

37 Durch diese Waffe wurde das Steinschlossgewehr abgelöst. Das Perkussionsschloss ermöglichte es, das Pulver der Waffe schneller und sicherer zu zünden. Die Treibladung wurde über ein Zündhütchen gezündet, welches auf einem sog. Piston seitlich am Lauf der Waffe angebracht wurde.

Für die Verteidigungsfähigkeit der Geretteten war also gesorgt; was aber sollten sie nun tun? Sollten sie das Lager verteidigen? Oder sollten sie nach Bardera fahren, um sich Gewissheit über das Schicksal des Barons und Lincks zu verschaffen? Ersterer Gedanke musste bald als unausführbar aufgegeben werden. Die Feinde auf dem rechten Ufer waren über zweihundert Mann stark, und die auf dem linken Ufer setzten sich bereits mittelst der Jolle, welche sie aufgefangen hatten, mit ihnen in Verbindung. Gegen solche Übermacht konnten fünf Europäer und die acht allmählich zurückgekommenen Neger, von denen übrigens zwei verwundet waren, nichts ausrichten; von ihrer Beihilfe musste übrigens, wie die Erfahrung gelehrt hatte, vollständig abgesehen werden, da bei dem Angriffe vorher keiner ein Gewehr zur Hand genommen hatte, mit Ausnahme eines einzigen, und dieser hatte ein Hinterladungsgewehr ergriffen, welches er nicht gebrauchen konnte, weil er dessen Einrichtung nicht kannte. Ebenso wenig schien es tunlich, sich auf dem Wrack des WELF zu halten, denn dieses wurde von dem höher liegenden rechten Ufer aus, von welchem es etwa zehn Schritte entfernt stand, vollständig beherrscht, konnte auch mit leichter Mühe ohne Boot vom Lande aus erreicht werden. Eine Landung in Bardera konnte gleichfalls zu nichts führen; für einen feindlichen Angriff erschienen die Entkommenen zu schwach, und eine friedliche Erkundigung war schon deshalb unmöglich, weil keiner von ihnen – die beiden Dolmetscher waren ja mit dem Baron gegangen – die Somalisprache verstand. Übrigens wusste niemand, in welchem Teile der Stadt die beiden Europäer zurückgehalten wurden; dass sie aber mindestens ihrer Freiheit beraubt waren, konnte keinem Zweifel mehr unterliegen. Waren jedoch der Baron und Linck noch am Leben, was höchst zweifelhaft erschien, so mussten, wenn die Anderen entkamen, die Barderaner Bedenken tragen, sich an jenen zu vergreifen, weil sie dann ein Rachegericht zu fürchten gehabt hätten; fielen alle zum Opfer, so war es ein Leichtes, durch Tötung auch der zwei Letzten den Verdacht der Schuld oder Mitschuld von sich weg auf Andere zu wälzen, etwa auf die als räuberisch bekannten Galla. Daher schien es dringend geboten, so schnell als möglich den Rückzug anzutreten, und zwar noch vor Eintritt der Nacht. In Sansibar angelangt, konnte man dann mit verstärkten Kräften versuchen, was sich weiter tun ließe. Diese Möglichkeiten wurden sorgfältig bedacht und erwogen, Alle stimmten überein, dass man vor der Hand schleunigst nach Sansibar zurückkehren müsse.

So war denn ein folgenschwerer Entschluss gefasst. Ihm gemäß wurde alles zur Reise vorbereitet. Das Boot fuhr nach dem Wrack des WELF, wo Deppe die Papiere, Gelder und Wertsachen des Barons sammelte,

Brenner Waffen und Munition zurechtlegte und Theiß Lebensmittel für die Fahrt. Die schönen Instrumente konnten wegen Mangel an Platz nicht mitgenommen werden, ebenso wenig die Sammlungen von Naturgegenständen. Um fünf Uhr verließ das Häuflein der Übriggebliebenen die Unglücksstätte, nachdem sie noch alle überflüssigen Waffen in das Wasser geworfen hatten. In traurigster Stimmung ließen sie sich stromabwärts treiben; zwei Mann, welche immer abwechselnd ruderten, vermehrten die Geschwindigkeit der Fahrt. Einige hundert Schritt unterhalb des Lagers sahen sie im Gebüsche die Jolle angebunden und nicht weit davon einen Eingeborenen, welcher ausgewaschene blutige Lappen aufhängte. Es wurde der Vorschlag gemacht, die Jolle mitzunehmen oder zu vernichten; allein es tat Eile Not, wenn man einem Hinterhalte zuvorkommen wollte, und man fuhr ohne Aufenthalt weiter. Nach neun Uhr kamen sie bei prächtigem Vollmondscheine in die Nähe von Bardera. Da hier ein lebhafter Gegenwind einsetzte, so wurden acht Ruder in Tätigkeit gesetzt; wer nicht mit Rudern beschäftigt war, hielt das gespannte Gewehr in der Hand und lugte ringsum, ob nichts Verdächtiges sich zeigte. Die Stadt war jedoch wie ausgestorben, kein Laut ließ sich hören, keine menschliche Gestalt erschien; die Gig des Barons, nach welcher man besonders aufmerksam ausspähte, war nirgends zu sehen. Später blieben wie vorher nur zwei Neger an den Rudern; sie wurden allstündlich, der steuernde Europäer alle zwei Stunden abgelöst. An Schlaf konnte, schon wegen der Enge des Bootes, nicht gedacht werden.

In derselben Weise fuhr man auf der ganzen Rückreise Tag wie Nacht fort. Nur einmal, am 5. Oktober früh, hielt man, um auf einer Sandbank einige Enten zu braten, welche man erlegt hatte. ... In allen Dörfern, welche sie bei Tage durchfahren hatten, rief ihr Erscheinen die lebhafteste Bewegung hervor: die Leute starrten sie an, liefen in die Hütten, riefen andere herbei und waren offenbar so überrascht, dass sie nicht wussten, was sie tun sollten. An manchen Orten, so bei Sorori und Manamsunde, wurden die Fliehenden auch nach dem Dampfer und nach ihrem Führer gefragt; überall gaben sie die Antwort, dass sie dem zurückkehrenden Schiffe einige Tage vorausgingen, um dessen Ankunft weiter unten zu melden. In einem der Waseguadörfer, wo mehrere hundert Eingeborne zu Tanz und Spiel versammelt waren und im Flusse mindestens vierzig Baumkähne nebeneinander lagen, erregte ihre Ankunft unerhörtes Erstaunen; man gelangte jedoch, ohne aufgehalten zu werden, vorüber, denn das Boot erschien zu schnell und war verschwunden, ehe die Leute recht zur Besinnung kamen. Oberhalb und unterhalb Hindi brannte auf dem rechten Ufer der Wald; vermutlich war er behufs Ausdehnung der Pflanzungen angezündet worden. Hier erfuhr man auch, dass vor der Mündung ein englisches Kriegsschiff läge oder gelegen habe, um in Jumbo Erkundigungen nach der Expedition einzuziehen. Da man von der friedfertigen Sklavenbevölkerung hier kaum etwas zu befürchten hatte, dachte man daran, sich mit frischen Lebensmitteln zu versehen, doch wurde endlich beschlossen, ohne Verzug weiterzufahren. Auch in Jumbo hielt man nicht, obwohl einige dies vorschlugen.

Die Fahrt stromabwärts hatte einhundertfünf Stunden gedauert. Fünf Tage lang so zu dreizehn ununterbrochen auf engem Boote zu fahren, ohne sich ein einziges Mal ein wenig ausstrecken zu können, ist gewiss keine Annehmlichkeit; und während dieser Zeit hatten die Fliehenden ihre Nahrung zumeist in ungekochtem Zustande, zuletzt sogar rohes Getreide genießen müssen! Zum Glück war das Wetter im Allgemeinen günstig gewesen; es wehte zwar ein ziemlich heftiger Wind, doch fielen nur in den letzten Tagen einige tüchtige Regengüsse. Alle atmeten erleichtert auf, als sie eine Strecke oberhalb der Mündung wieder festen Boden betraten; von einem Schiffe freilich war trotz eifrigen Umherspähens mit den Nachtgläsern nichts zu sehen. Die mitgenommenen Sachen wurden noch in der Nacht zu Bündeln geformt und das, was sich nicht weiterschaffen ließ, in dem Boote an geeigneter Stelle versenkt, denn es konnte nicht daran gedacht werden, die Barre zu durchfahren. Dann wurde die Reise südwärts zu Fuß angetreten. Gegen vier Uhr morgens setzte die Gesellschaft sich in Bewegung, anfangs rasch, bald aber immer langsamer, weil die Ermüdung von der anstrengenden Fahrt sich merklich machte. Mit Sonnenaufgang bekamen sie Kap Bissel in Sicht. Sie schritten dann, ohne zu rasten, zwischen Dorngestrüpp und über Korallenzacken weiter, oder durch losen, mit dünnem Gras bestandenen Sand, in welchem sie bei jedem Tritte bis über die Knöchel einsanken; Wasser fanden sie auf dem ganzen Wege von der Jubamündung an nur einmal an drei nicht weit voneinander gelegenen Stellen. Gegen zehn Uhr vormittags erreichten sie die rasenbedeckten Lagunen, welche nördlich vom Kap sich etwa fünfviertel Meilen weit ins Land erstrecken. Als sie diese hinter sich gebracht, fühlten sie sich völlig erschöpft; das sechstägige gezwungene Wachen, der beschwerliche Marsch, die Sorge um das Schicksal des Barons und seines Begleiters, der Gedanke an den ungewissen Ausgang ihrer Wanderung hatten sie in steter Aufregung erhalten. Ruhe tat ihnen jetzt vor allem Not; sie wollten daher bis zur Ebbe rasten und dann nach einer der Inseln, welche vor dem Kap Bissel liegen, hinüber waten, um dort in Sicherheit neue Kräfte zu sammeln. Sie lagerten sich, stellten Wachen aus und schickten, da ihnen die Zeit der Ebbe unbekannt war, zwei Leute nach dem Kap, welche ihnen Nachricht bringen sollten, ob das Wasser genugsam gesunken wäre.

Lange Zeit kam niemand zurück; auch die anderen Neger verloren sich trotz aller Aufmerksamkeit, so dass man sich schon verlassen wähnte; da erschienen endlich zwei mit freudestrahlenden Gesichtern und meldeten, dass in der Bucht ein kleines Mtepe (genähtes Schiff)[38] läge, welches mit der nächsten Flut in zwei Stunden … absegeln werde; der Besitzer wolle sie mitnehmen … Augenblicklich brachen alle auf und erreichten, nachdem sie einen Wiesengrund durchschritten, das Meer fast an derselben Stelle, wo früher der WELF gestrandet war; sie bestiegen das einige hundert Schritt weiter oben auf dem Sande sitzende Fahrzeug und gingen gegen drei Uhr nachmittags, als es flott wurde, unter Segel. Was aus ihnen geworden wäre, wenn sie dieses Schiff nicht gefunden hätten, lässt sich unschwer vermuten; wahrscheinlich stand ihnen dann dasselbe Schicksal bevor, welches die Sklaven, vor deren Jammergestalten sie einige Monate vorher am nämlichen Orte erschraken, unterwegs betroffen hatte.

Das Mtepe hielt sich in dem inneren Fahrwasser zwischen Küste und Riffen und kam am 4. Oktober gegen zehn Uhr vormittags, nachdem es die Nacht über vor Anker gelegen, in Kiama (Kismaio der Seekarte) glücklich an. Hier wurden neue Lebensmittel gekauft, denn die Fahrgäste hatten bisher größtenteils vom Gnadenbrote des Schiffseigentümers gelebt. … Am Abend des 9. endlich erreichte das kleine Schiff, welches allnächtlich bis morgens fünf Uhr seinen Lauf unterbrach, die Insel Tula und legte sich … vor Anker. … Nach vielen Zureden bewogen sie den Besitzer der Mtepe, mit ihnen noch nach Lamu zu fahren. … Durch widrige Winde aufgehalten, erreichten sie am 16. Oktober gegen fünf Uhr abends die Stadt Lamu. Der hiesige Agent des französischen Sansibarhauses erwies ihnen viele Freundlichkeiten. Mit Wonnegefühl schlürften sie zum ersten Male wieder Kaffee, ein wahres Labsal nach so langen Entbehrungen; ebenso konnten sie sich wieder an Milch, Mtama, Brot und Bananen erquicken. … Hier fanden sie auch Briefe aus Europa vor und ein Fahrzeug mit Mannschaften und allerlei Sachen für die Expedition, welches vom Hamburger Konsul in Sansibar auf

---

38 Wie bei der klassischen Dau wird auch bei dem Dau-Typ der Mtepe kein Metall beim Bau verwendet; vielmehr werden die Plankennähte und -stöße sowie die Bauelemente Spant und Planke »genäht« bzw. durch dünne, aus Kokosfasern gefertigte Leinen miteinander verbunden. Die Mtepe war wesentlich ein Küstensegler im Küstenbereich der heutigen Staaten Somalia, Kenia und Tansania und transportierte vor allem Getreide und Mangrovenholz.

Deckens Wunsch nach Jumbo abgeschickt worden und eben hier eingelaufen war. Auf dieser Dau, welche aber erst noch kalfatert werden musste, segelten sie am 19. Oktober weiter und erreichten, über Mombas fahrend, am 24. Oktober morgens sieben Uhr Sansibar.

Das traurige Schicksal der Expedition erregte die lebhafteste Teilnahme aller Europäer der Stadt. Leider lag kein Kriegsschiff im Hafen; Herr von Schickh und seine Gefährten mussten also auf nachdrückliche Unterstützung ihrer weiteren Pläne verzichten. Sie rüsteten in Schnelle ein Küstenfahrzeug aus und segelten, nachdem sie einen Bericht über das Geschehene abgefertigt hatten, am 29. Oktober abends sechs Uhr … nach Norden. Nur der Tischler Bringmann blieb zurück; er trat einstweilen in die Dienste des Hauses O'Swald & Co., welchem er sich gerade damals durch seine Arbeit sehr nützlich machen konnte. […]

[Die anderen Europäer reisten über Lamu nach Tula, um dort von Auwesi Informationen über das Schicksal des Barons einzuholen. Auwesi selbst reiste auf das Festland, um dort diesbezügliche Nachrichten zu sammeln.]

Während dessen gingen die Europäer nach Lamu zurück, wo sie am 14. November nachmittags bei sehr heftigem Winde anlangten. Sie blieben, da sie sich in der Stadt nicht ganz sicher fühlten, an Bord ihres Fahrzeuges; den Statthalter, welcher gerade auf seinem Landsitze weilte, bekamen sie an demselben Tage nicht mehr zu sehen. Am 15., noch ehe der Erwartete zurückkam, lief eine Dau ein, auf welcher sie Mabruk Speke entdeckten, einen der Begleiter des Barons und Doktor Lincks auf dem Wege von der Stromschnelle nach Bardera. Sie riefen ihn sofort zu sich und vernahmen von ihm folgenden Bericht:

»Wir waren mittags in Bardera angekommen. Alle gingen an Land. Einer nur, Mbaruko, blieb beim Boote, bis Abdio ihn abrief. Später sandte der Baron mich aus, um nach dem Boote zu sehen, doch ich fand es nicht; die Somali hatten es nach dem gegenüberliegenden Ufer geschafft. Unterwegs machte eine Frau mir ein Zeichen, dass man uns den Hals abschneiden wollte. Ich warnte den Baron, dieser aber sagte mir, ich sollte nicht bange sein. Wir gingen ungehindert in Bardera spazieren. Man gab uns ein Haus, brachte Lebensmittel herbei und versprach Lasttiere für eine Reise nach Ganane. Schlachtvieh konnte nicht sofort beschafft werden, weil dieses in einiger Entfernung auf der Weide war. Was die Somali mit einander sprachen, konnten wir nicht verstehen. Eines Tages bewachten zwei von uns, Mbaruko und Achmed, die Türe des Hauses unseres Herrn, als dieser von Abdio abgerufen wurde, um Schauri (Unterredung) zu halten. Abdio überredete jene beiden, ebenfalls fortzugehen, da niemand etwas stehlen würde. Als auch diese fortgegangen waren, wurden die Gewehre aus dem Hause geholt. Der Baron erkundigte sich bei seiner Rückkunft, wo die Gewehre geblieben wären. Wir erklärten ihm, dass Abdio an allem Schuld sei. Er forderte seine Gewehre zurück, allein man hielt ihn mit Versprechungen hin.«

»Mittags trafen sechs Neger von der Expedition in Bardera ein und erzählten von dem Gefecht am Jubaflusse bei dem Dampfer, und dass zwei Europäer getötet seien. Der Baron bat aufs Neue um seine Gewehre. Die Somali willigten scheinbar ein, die Gewehre wiederzubringen, und holten sie auch, aber in dem Augenblicke, da der Baron sich danach bückte, stürzten sie auf ihn zu und banden ihm die Hände auf den Rücken. Der Doktor wurde nicht gebunden, aber festgehalten. Mich und die andern Begleiter des Barons überwältigte man ebenfalls. Abdio lief fort, als man den Baron festband. Man hielt uns in der Hütte; ich konnte aber sehen, dass man den Baron und den Arzt nach dem Flusse führte und dort erstach. Den Baron stach man zweimal in die Brust, den Arzt einmal. Beide starben sofort. Ich sah, wie man die Leichname in den Fluss warf, und wie der Strom sie forttrieb. Abdio war nicht dabei, als dieses geschah. Die Mörder waren Somali, aber keine Häuptlinge von Bardera. Das Geld und alles, was der Baron bei sich führte, wurde ihm weggenommen, nachdem er erstochen war. Nur ein Hemd ließ man dem Leichnam. Man wollte uns als Sklaven behalten, doch bestimmte der Sultan, auf dessen Namen ich mich nicht besinne, man solle sich mit den Sachen der Europäer begnügen und uns die Freiheit geben.«

»Abdio bekam einen Teil von dem Gelde, welches verteilt wurde. Er ging dann mit drei Somali und den elf Leuten des Barons, welche jetzt in Bardera waren, nach Brava. Nachdem trafen noch zwei, Sereng und Feredji, dort ein. Ich blieb ungefähr zehn Tage in Brava und musste bei Abdio Sklavenarbeiten verrichten. Später fand ich einen Nahosa (Schiffer) welcher mich aus Gutmütigkeit mit an Bord nahm und nach Lamu brachte. Die Anderen werden mit erster Gelegenheit nachkommen.«

Hiernach hielt Herr von Schickh weitere Nachforschungen für überflüssig. Er bat den Banian[39] des Zollhauses, die Gegenstände, welche Auwesi bringen würde, sofort nachzuschicken, den Statthalter aber ersuchte er, den Verräter Abdio und andere etwa gefangene Schuldige unter starker Bedeckung in das Fort von Sansibar zu liefern. Dann gab er Befehl zur Abreise.

39 In der Indik-Region weit verbreiteter Begriff für indischstämmige Kaufleute (»Banjan merchants«).

In trübseligster Stimmung fuhren die Unglücksgenossen längs der Küste nach Mombas, wo sie nach mancherlei Fährlichkeiten einige Tage später ankamen. Sie ankerten hier, um Lebensmittel zu kaufen, und vernahmen, dass das englische Kriegsschiff VIGILANT, Capt. Latham, mit einem Sekretär des Sultans hier vorüber nach Brava gedampft sei, um Erkundigungen über das Schicksal Deckens einzuziehen; Näheres konnten sie indessen nicht erfahren. Sie versuchten, sich ein anderes Fahrzeug zu verschaffen, da sie auf der letzten Fahrt alles Zutrauen zu seiner Festigkeit und zu der Geschicklichkeit seines Führers verloren hatten; die Verhandlungen scheiterten jedoch an den unverschämten Forderungen der Bootseigentümer. So reisten sie denn wie bisher weiter. Am Morgen des dritten Tages langten sie bei bald gutem, bald flauem Winde in Sansibar an. Wenige Tage nach ihnen traf auch der VIGILANT ein und brachte eine Anzahl Neger von der Expedition. Sie wurden sofort in scharfes Verhör genommen. Ihre Aussagen, so sehr sie sich in gewissen Punkten widersprachen, kamen doch darin überein, dass der Baron sowohl wie Linck in Bardera ermordet wären.

Ein Grund, noch länger in Sansibar zu bleiben, war nun nicht mehr vorhanden; man entschloss sich also, die bald bevorstehende Abreise des O'Swald'schen Schiffes KANTON zur Heimreise zu benutzen. Während Schickh im hanseatischen Konsulat die Protokolle über die Aussagen der Neger aufnahm, packten die Andern ihre Sachen zurecht, stellten eine Liste der Gegenstände auf, die versteigert werden sollten, wohnten dem Verkaufe selbst bei und schrieben das Tagebuch des Barons ab, welches nebst den Ergebnissen der Verhöre nach Europa geschickt wurde.

Am 12. Januar begaben sich die fünf Europäer an Bord der KANTON, tags darauf verließ das Schiff den Hafen; am 14. Februar erreichten sie St. Helena, am 4. April liefen sie in Hamburg-Altona ein. Hier wurden sie von einem Beauftragten der von der Decken'schen Familie empfangen und ihrer Pflichten entbunden. Diejenigen von ihnen, deren Aussagen den Angehörigen des Barons von Wichtigkeit waren, fuhren nach Berlin, wo Mutter und Bruder des Ermordeten weilten. Ihre Mitteilungen stellten zwar den Tod des Barons nicht außer allem Zweifel, doch ließen sie auch dem Unverzagtesten kaum noch irgend welche Hoffnung. Ein Entschluss, was weiter in der Sache zu tun sei, konnte natürlich nicht sogleich gefasst werden, und so kehrten denn auch die Letzten nach wenigen Tagen in ihre Heimat zurück.

Ein Rückblick möge zeigen, was wir dieser letzten Deckenschen Unternehmung, der Jubaexpedition, zu verdanken haben. In kurzen Worten lautet das Ergebnis so: »es gibt im Somalilande einen Fluss, welcher mit

Schiffen von angemessener Größe und Bauart erwiesener Maßen eine Strecke von hundertsiebzig Seemeilen, die Krümmung mit eingerechnet aber vierhundert Seemeilen weit befahren werden kann.« […]

Bedenkt man, dass unsre größeren deutschen Flüsse … ohne ausgedehnte Regulierungsarbeiten nur auf kurze Strecken ihres Laufes schiffbar sind, so muss es in hohem Grade auffallen, dass der kleine, hundert bis dreihundert Fuß breite und höchstens zwanzig Fuß tiefe Jubafluss zu trockener Jahreszeit, mit einem, offen gesagt, ganz ungeeignetem Schiffe von hundertundzwanzig Fuß Länge ohne Weiteres befahren werden konnte. Allerdings hat der WELF auf seiner Fahrt einige Male aufgesessen, doch ist er immer wieder ohne besondere Anstrengung frei gekommen und würde die ganze Entfernung bis zu den Stromschnellen ungehindert haben zurücklegen können, wenn er einen um sechs Zoll geringeren Tiefgang gehabt hätte. Man ist mithin zu dem Ausspruche berechtigt, dass der Jubafluss der Befahrung mit flachgehenden Dampfern nicht das geringste Hindernis entgegensetzt und dass er nächst dem Sambesi die beste bis jetzt bekannte Wasserstraße Ostafrikas ist. […]

Feststellung des Schicksals der Verschollenen

Der traurige Untergang der von der Deckenschen Expedition, deren Beginn zu so großen Hoffnungen berechtigt hatte, erregte überall die größte Teilnahme, und dies umso mehr, als man die Unmöglichkeit fühlte, die Schuldigen zu züchtigen; denn, wer eigentlich den Überfall veranlasst und ausgeführt hatte, war ja trotz aller Verhöre in Sansibar vollständig unbekannt. Auf den Bewohnern von Bardera lag allerdings ein starker Verdacht, mehr noch auf Abdio, dem Geleitsmann der Expedition; niemand aber konnte mit Bestimmtheit behaupten, dass diese Ansicht die richtige sei. Es tauchten sogar Zweifel auf, ob der Baron und Linck wirklich ermordet wären. Konnten nicht die Neger der Expedition zu falschen Aussagen gezwungen gewesen sein? Je mehr man hierüber nachdachte, desto mehr stellte sich die Notwendigkeit heraus, ganz zuverlässige Nachrichten über die Vorfälle in Bardera und über die letzten Lebenstage der unglücklichen Reisenden zu erhalten, womöglich nach deren eigenen Aufzeichnungen. […]

[Schon bald meldeten sich Freiwillige, die sich anboten, im Auftrag der Familie von der Decken eine entsprechende Nachforschung anzustellen. Die Wahl der Familie fiel auf den in Kairo lebenden Afrika-Reisenden Theodor Kinzelbach.]

Von kräftiger, Achtung gebietender Gestalt, in orientalischen Sprachen bewandert und mit Afrikanern umzugehen gewohnt, ... schien er ganz der Mann zu sein, eine so schwierige Aufgabe durchzuführen, zumal er durch längere Dienste im Konsularwesen sich eine Menge juristischer Kenntnisse erworben hatte, welche ihn befähigten, unbestreitbare Angaben über die Vorgänge in Bardera zu beschaffen. ... Er erhielt von der Fürstin von Pleß eine Instruktion folgenden Inhalts:

Der einzige und ausschließliche Zweck der Reise, welche ohne Zeitverlust anzutreten und sowohl zu Lande wie zu Wasser ohne unnötige Aufenthalte und Stationen zurückzulegen ist, besteht in der Aufgabe: »an Ort und Stelle genaue Erkundigungen über das Schicksal der angeblich in Bardera ermordeten Reisenden, des Baron von der Decken und seines Begleiters Doktor Linck einzuziehen und die zuverlässige Gewissheit über das Los der beiden zu erhalten.« Zu diesem Zwecke sollen zunächst die eingeborenen Begleiter des Baron v.d. Decken, welche nach dem Untergang der Expedition zurückkamen, nochmals sorgfältig über alles Geschehene verhört werden; dann aber soll Kinzelbach auch versuchen, wenn irgend möglich nach Brava vorzudringen, um dortselbst Genaueres zu erfahren. […]

[Während Kinzelbach sich noch auf dem Hinweg nach Sansibar in Aden aufhielt, traf am 25. Oktober ein weiterer Beauftragter der von der Decken'schen Familie ebenfalls in Aden ein. Dies war Richard Brenner, einer der überlebenden fünf Europäer der Juba-Expedition.]

Brenner hatte zu Melkhof im Mecklenburgischen, auf dem Gute des Barons Julius von der Decken, wo er mit der Ausarbeitung seiner Tagebücher beschäftigt war, von dem Anerbieten Kinzelbachs gehört und gemeint, dass er als früherer Begleiter Deckens viel eher wagen könne, was Kinzelbach, welcher der Sache doch ferner stand und nicht einmal das Somaliland kannte, so kühnen Mutes unternommen hatte. Nach kurzem Überlegen trug er dem Bruder Deckens seinen Plan vor. […]

[Kinzelbach und Brenner einigten sich dergestalt, dass Brenner mit Erkundigungen in Brava beginnen und Kinzelbach seine Untersuchungen in Sansibar aufnehmen sollte.]

Kehren wir nun zu Kinzelbach zurück! Er hatte in Sansibar von Seiten des Sultans sowohl wie der Europäer die freundlichste Unterstützung seiner Pläne gefunden und war mit zahlreichen Empfehlungsbriefen an die Hauptpersonen in Brava und Bardera versehen worden. Ehe er jedoch die Reise nach dem Norden antrat, verhörte er noch einmal alle in Sansibar anwesenden Neger der ehemaligen Decken'schen Expedition, und zwar ohne die früheren Aussagen (mit Ausnahme einer einzigen) anzusehen, damit sein Urteil nicht im Voraus beeinflusst würde. Die meisten der Leute bedienten sich bei ihren Erzählungen der Suahelisprache, einzelne erzählten auch in Arabisch, Französisch oder Deutsch; es fand dann, oft durch Vermittlung des Arabischen, eine Übertragung in das Deutsche, Englische oder Französische statt, in welchen Sprachen die Protokolle vorliegen. Bei den einzelnen Verhören waren außer Hadschi Osman, dem Dolmetscher und Somali-Vertrauensmann Kinzelbachs, auch dieser oder jener der Europäer gegenwärtig; namentlich war Père Horner, der Leiter der französischen Mission, sehr bedacht, die mühsame Arbeit Kinzelbachs zu fördern. Aus diesen mit größter Umsicht und Gewissenhaftigkeit geführten Verhandlungen lassen sich manche Ergänzungen unserer bisherigen Kenntnis von den Vorgängen in Bardera ableiten […]

Um den ganzen Hergang klar entwickeln zu können, müssen wir … die Ergebnisse von … Erkundigungen in Brava … mit in Rechnung bringen.

Auf beiden Ufern des Jubaflusses wohnen in der Breite von Bardera die gefürchteten Kablallah-Somali […] Die auch von ihren Stammesverwandten gefürchteten Kablallah sollen den Überfall des Lagers unter Mitwirkung der nicht minder gefürchteten Borani-Galla ausgeführt haben, mit denen sie damals auf freundschaftlichem Fuße lebten. Nichts war für diesen Schlag von Leuten natürlicher, als dass sie eine so überaus treffliche Gelegenheit sich zu bereichern, wie sie der Schiffbruch des WELF bot, nach Kräften benutzten. Sie kamen wahrscheinlich von Süden herauf und wurden, wie sich annehmen lässt, durch beutegierige Bewohner der Ortschaften Lala und Bardera verstärkt. […]

Noch aufgeregt von dem Morden und Plündern und erbittert über den Verlust so vieler tapferer Stammesgenossen eilten sie dann nach Bardera, wo sie den Baron ergriffen und zum Tode führten. Sie verweilten noch einige Tage in der Stadt und erhielten dadurch Gelegenheit, auch den vom Schiffe zurückkommenden Linck zu ermorden. Ihre Raublust war nun befriedigt, ihr Rachedurst gekühlt, und sie zogen wieder nach den Orten, von denen sie gekommen waren, um sich in Ruhe der Beute zu erfreuen.

So wenigstens lautet die Erklärung verschiedener unbeteiligter Somali, welche Kinzelbach über die Veranlassung zur Ermordung Deckens vernahm. Was hiervon wahr ist oder nicht, vermögen wir nicht zu entscheiden; wir wollten indessen diese Erklärung nicht übergehen, da von vielen Seiten bereits so Schlimmes gegen Abdio und die Bewohner von Bardera vorgebracht worden ist. Die volle Wahrheit werden wir wohl nie erfahren; daher bleibe es dem Einzelnen überlassen, sich das Wahrscheinlichste aus dem Gemeldeten zu entnehmen. […]

Selbstverständlich ist durch dieses alles Abdios Unschuld nicht bewiesen, allein auch seine Schuld steht nicht so unbestreitbar da, dass man seine Auslieferung, oder seine Bestrafung an Ort und Stelle, verlangen könnte. Hätte man indessen Abdio auch wirklich vor ein europäisches Gericht stellen können, so würde er wahrscheinlich »wegen Mangels an Beweisgründen« freigesprochen worden sein. […]

Wie es aber dabei [der Tötung von der Deckens] zugegangen, erfahren wir durch Scheich Mohammed (oder Achmed) Abda, den Wasir des Mahammed Aden Kero, welchem die Mörder es erzählt hatten:

»Der Baron habe am Ufer des Jubaflusses, nahe dem Tränkplatze außerhalb der Stadt, einen Lanzenstich in das Herz und einen Messerschnitt quer über den Unterleib erhalten und sei sofort verschieden …« Die Kaballah ließen ihn liegen, nachdem sie ihn seiner Kleider und Wertsachen beraubt hatten. Hier sahen ihn nach dem Abendgebete Scheich Abda und andere Barderaner, mit zwei tiefen Wunden in Brust und Leib; sie und einige von der Schar der Mörder begruben den Leichnam im Flusse und sahen noch, wie er im Wasser verschwand. Linck wurde von denselben Kablallah am 3. oder 4. Oktober vor dem Haupttore der Stadt getötet. […]

Nachwort des Herausgebers:
Die Dampfer-Expedition auf dem Juba

Die Schilderung der Dampfer-Expedition auf dem Juba verdanken wir dem Reisegefährten von der Deckens, Otto Kersten, der allerdings nur während der Vorbereitungsphase auf Sansibar persönlich vor Ort war, ehe er aus Gesundheitsgründen wieder nach Europa zurückkehrte. Bei seiner späteren Herausgebertätigkeit benutzte er die geretteten Tagebücher des Barons und von dessen Begleitern sowie seine eigenen Aufzeichnungen und Erfahrungen, darüber hinaus auch die Werke anderer kenntnisreicher Autoren.[40] Der im vorliegenden Band in gestrafften und etwas modernisierten Texten präsentierte Originalbericht der Expedition beruht auf dieser von Otto Kersten bearbeiteten Edition der ostafrikanischen Reisen des Barons von der Decken.[41] Zitate im folgenden Text, die nicht mit Quellen belegt werden, sind diesem Originalbericht der Expedition entnommen.

Erste Erprobungs- und Forschungsfahrten entlang der Küste

Im Februar 1865 unternahm von der Decken, begleitet von Linck und Brenner sowie vier Mitgliedern der Schiffsmannschaft, mit dem auf der französischen Korvette LOIRET transportierten PASSEPARTOUT eine Fahrt in den (heute zu Kenia gehörenden) Lamu-Archipel nach Norden zur Insel Lamu und von dort zur Erkundung der Flüsse Osi und Tana in der Formosabai. Durch diese kurze Explorationstour wurde das Verhältnis des Osi zum Tana geklärt.[42]

40 Kersten 1869, S. XI.
41 Baron von der Decken 1871.
42 Henze 1978b, S. 36.

Am oberen Lauf des Osi wollte der Baron einen ihm bereits bekannten Gallahäuptling treffen, um diesen zur Unterstützung seines Reiseunternehmens zu bewegen. Dies gelang jedoch nicht, aber von der Decken erhielt einen etwa fünfjährigen Gallaknaben zum Geschenk, den er Mabruki nannte und zum Diener und Ziegenhirten der Expedition machte. Junge Galla eigneten sich nach damaliger Auffassung besonders als Diener, weil sie als intelligent und fleißig galten.[43] Die früher als »Galla« und heute als »Oromo« bezeichneten Bevölkerungsgruppen Nordostafrikas gehören zu der ostkuschitischen Sprachfamilie und machen heute den größten Bevölkerungsteil Äthiopiens aus. Das ursprüngliche Siedlungsgebiet dieser berittenen Hirtenkrieger lag wohl im Süden des Landes. Im 16. Jahrhundert begannen die Oromo-Migrationen nord- und ostwärts in das äthiopische Hochland. Im Lauf der Zeit wurden Teile der Oromo islamisiert, während andere Teile das Christentum übernahmen und sich der amharisch-äthiopischen Kultur anglichen. Auch die Lebens- und Wirtschaftsweise der Oromo wandelte sich. Während manche Gruppen dem Nomadenleben verhaftet blieben, wurden andere Gruppen zu Halbnomaden oder sesshaften Bauern.

Am 20. Februar kehrte von der Decken mit der Korvette LOIRET von Lamu aus wieder nach Sansibar zurück. Dort war bis Juni 1865 auch der Innenausbau des großen Dampfers WELF abgeschlossen. Endlich konnte die Expedition mit dem WELF und dem PASSEPARTOUT im Geleit und im Schlepptau des englischen Kriegsschiffes LYRA an die ostafrikanische Festlandsküste reisen. Nun musste der große Dampfer seine Bewährungsprobe bestehen: *Der WELF setzte seine Schaufelräder langsam, dann immer schneller in Bewegung, und hurtig tanzte er über die Wellen … Den Mitgliedern der Expedition wurde es noch in dieser Nacht klar, was es heißt, sich einem Schiff aus Pappe – so nannten ergraute Matrosen kopfschüttelnd den dünnwandigen Eisenbau des WELF – zur Befahrung des offenen Meeres anzuvertrauen.* Doch ging die Nacht wider Erwarten ohne Zwischenfall vorüber.

Am 17. Juni ankerte man vor Lamu und am 20. Juni wurde die Insel Tula erreicht, wo man einige Tage blieb. Von hier aus untersuchte der Baron die in der Nähe mündenden Flüsse Tula und Schamba auf dem afrikanischen Festland. Doch nun begannen die *Tage des Unglücks* für die Expedition: *Ein unschuldig erscheinender Ausflug nach einem binnenwärts gelegenen See … sollte das Verhängnis herbeiführen und Veranlassung werden zu Krankheit, Not und Tod für einen großen Teil der Reisegesellschaft.* In dem Fischerdorf Scheje erkrankten etliche Mitglieder der Expedition an der Cholera; acht (?) von ihnen starben.

Auch von der Decken erkrankte und schrieb, da er bereits sein Ende kommen sah, seinen letzten Willen nieder.

Doch erholten sich der Baron und die anderen Kranken bald wieder, so dass die Expedition weiter nordwärts fahren konnte. Am Ankerplatz, einige Seemeilen vom Juba entfernt, ereignete sich ein neues Unglück. In der Nacht setzte die Flut den Dampfer mit der Breitseite flach auf den Strand und mit der Brandung ergossen sich Sturzseen über das Deck. Mit der eintretenden Ebbe drückte sich die Last auf der einen Seite immer tiefer in den Grund. Erst am Morgen konnte man die Schäden inspizieren: *fünf bis sechs Spanten waren zerbrochen, mehrere Nieten ausgesprungen und die Radspeichen, der Boden sowie die Seiten des Schiffes in einer besorgniserregenden Weise verbogen.* Durch das Einsaugen von Sand in die Speisepumpen hatte auch die Maschine Schaden erlitten. Gelang es nicht, den WELF bis zur nächsten Flut wieder flott zu machen, war das Schicksal der Expedition besiegelt. Glücklicherweise gelang dieses nach Löschung der Ladung.

Während des neuerlichen Beladens des Dampfers sah man plötzlich in der Ferne eine lange Reihe schwarzer Gestalten die Küste herabkommen. Zunächst dachte man an einen Raubzug der gefürchteten Galla (Oromo) und griff schon zu den Waffen. Doch beim Nahen der verdächtigen Personen wurde deutlich, dass es sich nicht um beutegierige Feinde, sondern um unglückliche, halb verhungerte und zu Tode erschöpfte Sklaven handelte, die in einer Karawane wohl in Richtung Brava zogen.

Am 27. Juli wurde dann die Stadt Jumbo an der Mündung des Juba erreicht. Zwei Tage später erlitt der WELF bei der Einfahrt in die Mündung bei hohem Seegang wiederum einigen Schaden, und das Schiff trieb, nachdem der Dampf ausging, durch Wind und Strömung hilflos auf die Küste zu. Endlich erholte sich die Maschine und das Schiff gehorchte wieder dem Steuer: *Mit Rad und Pinne zugleich steuernd, lenkte man den WELF in die mächtige Brandung; aber da hier der Fluss sich in fast spitzigem Winkel wendet, fuhr man am gegenüberliegenden Ufer auf einer Sandbank auf, glücklicherweise nur mit halber Dampfkraft, sodass er keinen Schaden nahm.*

Leider war aber der Verlust des PASSEPARTOUT zu beklagen, der mit zwei starken Tauen am WELF befestigt war, allerdings immer unter vollem Dampf lief, um notfalls auch selbständig weiterfahren zu können. Die Schlepptaue brachen, bevor man sie kappen konnte, und das kleine Boot wurde zurückgeschleudert, trieb in die offene See hinaus und verschwand schließlich. Von seiner Besatzung konnten sich nur die

---

43 Nebel 1988, S. 218.

zwei Matrosen retten, während der unglückliche Maschinist Hitzmann offensichtlich ums Leben kam. Ein sofortiger Rettungsversuch mit der Jolle blieb erfolglos und alles Warten und späteres Nachforschen erbrachte keine endgültige Klarheit. Wenn auch seine Leiche nicht angespült wurde, so gab die See doch später einige Planken und das Namensbrett des PASSEPARTOUT wieder heraus. Dessen Sonnensegel wurde nachfolgend von Bewohnern der Stadt Jumbo am Strand gefunden und dem Baron ausgehändigt.

Die schwierige Fahrt auf dem Juba

Über die Stationen und Erlebnisse der Dampfer-Fahrt auf dem Juba sind wir durch die Tagebücher des Barons und anderer Expeditionsteilnehmer sowie durch die der späteren Publikation beigefügte Karte des Juba-Flusses recht gut informiert.

Bereits an der Mündung des Juba bei der Stadt Jumbo zeigten sich einige der typischen Probleme, mit denen die Expedition in den folgenden Wochen immer wieder zu tun hatte. Dies waren zum einen das Misstrauen und die Weigerung der Einheimischen, die Flussfahrt der Expedition zu unterstützen und ihr Lebensmittel zur Verfügung zu stellen, zum anderen die Schwierigkeit, zuverlässige und fähige einheimische Führer (bzw. Lotsen) und Dolmetscher zu bekommen. Der neu rekrutierte »Abani« Abdio Ben Abd el Nur, der das wichtige Amt eines Schutz- und Geleitmanns der Expedition ausüben sollte, schien zwar ein fähiger Mann, jedoch auch verdächtig zu sein, da er bei seiner allzu raschen Bereitschaft, die Expedition den Juba stromaufwärts zu begleiten, offenbar Hintergedanken hatte. Womöglich wollte er den Aufpasser spielen oder den Baron daran hindern, allzu genauen Einblick in die Verhältnisse des Landesinneren zu gewinnen, oder aber die Expedition zu seinem eigenen Vorteil ausnutzen. Daher beschloss der Baron, *Abdio in jeder Weise tüchtig zu überwachen, damit aus dem Schützer nicht etwa ein Verderber würde.*

Innerhalb der Schiffsmannschaft genossen das besondere Vertrauen des Barons der Zweite Steuermann Mabruk Speke, der mit dem britischen Afrika-Forscher Speke im August 1858 am Ukerewe- bzw. Victoriasee gewesen war, sowie der Matrose Achmed aus Hadramaut in Südarabien, der Matrose Mbaruko und der Matrose Soliman, ein Sklave der Schwester des Sultans von Sansibar.

Von der Decken war nun kurz davor, von der Küste aus in das Innere der Somali-Gebiete am Osthorn Afrikas einzudringen. Diese Regionen gehörten in der Erforschungsgeschichte *wegen der Gefährlichkeit und Fremdenfeindlichkeit der Somali-Bewohner ... zu den gefürchtetsten Teilen Nordostafrikas* und *wiesen am längsten weiße Flecken auf den Landkarten auf.*[44] Doch von der Decken scheint ein differenzierteres Urteil über die behaupteten Wesenszüge der Somali gehabt zu haben, wie Otto Kersten im Expeditionsbericht schreibt: *Die Somali gelten bei uns für raubgierig, Europäerfeindlich, mordlustig, treulos und verschlagen ... Dennoch aber wäre es falsch, ein auf diese Tatsachen begründetes Urteil über alle Somali ausdehnen zu wollen: eine solche Verallgemeinerung wäre ebenso sonderbar, als wenn Jemand den Charakter der Deutschen nach Erlebnissen auf Ausflügen im Harz oder Spreewald endgültig feststellen wollte.*

Die zu der ostkuschitischen Sprachfamilie gehörenden muslimischen Somali kamen als Nomadenbevölkerung wohl ursprünglich von den südlichen Hochländern Äthiopiens, besiedelten dann im Zuge ihrer Migrationen immer weitere Regionen des Horns von Afrika, namentlich die Somali-Halbinsel. Unter arabisch-islamischem Einfluss entstanden später etliche Handelsstädte an der Küste und entlang der Handelswege in Nordostafrika. Während die meisten Somali im trocken-heißen nördlichen Hinterland als Hirtennomaden von der Wanderwirtschaft oder einer Mischung aus Wanderwirtschaft und Ackerbau lebten, war eine sesshafte Landwirtschaft nur an den Flüssen Juba und Shebelle im südlichen Siedlungsgebiet der Somali möglich. Dort gab es auch Siedlungen von (negroiden) »Bantu«, die dort bereits seit Jahrhunderten ansässig waren und später noch zusätzlich von entflohenen Sklaven bevölkert wurden.

Zur Freude aller Expeditionsteilnehmer begann der WELF am 15. August 1865 endlich seine Fahrt stromaufwärts: *Mit gespannter Aufmerksamkeit durchmusterten sie die Ufer des Flusses. Wo ein merkwürdiger Baum oder ein auffälliges Tier sich zeigte, tat sich die Freude in lauten Ausrufen kund; und jede Biegung des Flusses zeigte ihnen etwas Neues und Unerwartetes. ... Übrigens konnten sie sich dem Schauen und Bewundern nicht völlig hingeben; die Einen waren ja bei der Maschine beschäftigt, andere mit dem Steuern des Schiffes, noch andere mit Messung der Richtung und Fahrgeschwindigkeit; aber sie taten ihre Pflicht mit einer Freudigkeit, welche dem Beobachter verriet, dass Ihnen nichts angenehmer sein könnte, als unter solchen Verhältnissen mitzuwirken.*

44 Hamann 1988, S. 117.

Somalikrieger und Wasserträgerin aus Aden.

Auch in den nachfolgenden Tagen genossen die Expeditionsteilnehmer die vorbeiziehende Landschaft, die dicht bewachsenen Ufer des Flusses, die Wälder aus Akazien und Tamarinden sowie bei den passierten Ortschaften das mit Hirse, Mais, Bananen, Melonen und Zuckerrohr bebaute Land. Auch die Tierwelt fand Interesse: Paviane und Meerkatzen, Krokodile und Flusspferde sowie Königsfischer, weiße Reiher, Enten und andere Wasservögel.

Doch offenbarten sich auch schon bald die Schwierigkeiten einer Dampferfahrt auf einem unbekannten Fluss. Um die wertvollen Kohlevorräte zu schonen, war man ständig gezwungen, zu halten, um das erforderliche Feuerholz zu schlagen und an Bord zu bringen. Anfangs ging wiederholt der Dampf aus, weil die Heizer noch nicht gelernt hatten, mit Holz allein die nötige Hitze hervorzubringen. Erst nach einigen Tagen waren sie dazu in der Lage: *der Dampfdruck sank nie unter acht Pfund herab, hielt sich sogar meistenteils auf fünfzehn Pfund oder einer Atmosphäre Überdruck, und die Fahrgeschwindigkeit betrug trotz der starken Strömung durchschnittlich drei Seemeilen die Stunde.* Immer wieder geriet der Dampfer auch auf Grund, verlor Teile seiner Ladung oder erlitt kleinere Schäden.

Bei ernsterem Aufsitzen musste fast die gesamte Ladung einschließlich des Kohlevorrats gelöscht werden, um wieder freizukommen. Neben dem ständigen Holzfällen war die Mannschaft auch immer wieder genötigt, kleinere Reparaturen an dem Dampfer vorzunehmen. Solche Aufenthalte wurden jedoch auch genutzt, um wissenschaftliche Beobachtungen durchzuführen und Jagdausflüge zu unternehmen. Dabei galten Perlhühner wegen ihres wohlschmeckenden Fleisches den Mitgliedern der Expedition stets als willkommenste Beute. Ein ständiges Problem war es, den immer wieder rasch zur Neige gehenden Proviant durch Einkäufe frischer Lebensmittel zu ergänzen. Entweder weigerten sich die Anwohner der Ortschaften am Fluss, Lebensmittel anzubieten, flohen bei der Ankunft der Fremden oder forderten für ihre Lebensmittel so hohe Preise, dass der Handel und das Feilschen sich in die Länge zogen und oft ergebnislos blieben.

Während eines langen Aufenthalts an der Station XVI (siehe Karte Abb. S. 96f.) der Flussfahrt kam es zu einem kleinen Zwischenfall. Der Feuerwerker Deppe und der Koch Theiß verirrten sich bei einem Landausflug und konnten erst nach einiger Aufregung und mit Hilfe von Suchtrupps wieder zum Schiff zurückgebracht werden.

Angesichts wiederholter Schwierigkeiten, infolge ungenügender Wassertiefe voranzukommen, beschworen die afrikanischen Führer den Baron, doch umzukehren, da er die Stadt Bardera so wohl nicht erreichen könne. Doch dieser hielt an seinem Entschluss fest, bis an die äußerste Grenze der Schiffbarkeit vorzudringen. Am Vormittag des 19. September kam man endlich in Sicht der Stadt Bardera und ging etwas oberhalb derselben nahe dem linken Ufer vor Anker.

Die Lage Barderas abseits der großen Handelsstraße zwischen Brava und Ganane schränkte ihre wirtschaftliche Bedeutung stark ein. Der Handel seiner Einwohner konzentrierte sich auf den Tausch von Tieren und Tierprodukten sowie Elfenbein gegen vielerlei notwendige Güter, die von den beiden oben genannten ökonomisch bedeutenderen Städten eingeführt wurden. Die mit einer seinerzeit teilweise verfallenen Festungsmauer umgebene Stadt, die durch frühere kriegerische Auseinandersetzungen gelitten hatte und nur noch aus 120 bis 130 Hütten bestand, lag *auf einer Bodenerhebung von dreißig oder vierzig Fuß Höhe, welche nach dem Flusse zu ziemlich steil abfällt, nach Osten hin aber allmählich in die weite Ebene des Somalilandes verläuft.*

Dem (späteren) Bericht Brenners aus Brava zufolge unterschieden sich die Somali von Bardera *durch ein finsteres, verschlossenes Wesen auffällig von ihren Landsleuten in Jumbo und an der Küste überhaupt. Hieran mag teils ihre abgesonderte, entbehrungsreiche Lebensweise Schuld sein, teils aber auch ihre strenge Glaubensrichtung, welche sie die harmlosen Lustbarkeiten der Küstenbewohner verabscheuen lässt.*

Äußerst schwierig gestaltete sich in den nächsten Tagen auch hier wieder das Bemühen um eine Auffrischung des Proviants der Expedition. Sowohl in Bardera als auch in dem Nachbarort Lala kamen die diesbezüglichen Verhandlungen und Feilschereien nicht so recht voran. Offensichtlich waren die Einheimischen nicht bereit, den Fremden etwas zu verkaufen. Daraufhin beriet sich von der Decken mit Schickh: *Der Kapitän riet, weiter stromaufwärts zu fahren, da man vielleicht bald andere Dörfer träfe, in denen der Handel minder schwierig wäre. Decken aber war anderer Ansicht: er hatte nur noch auf drei Tage Lebensmittel für die Mannschaft und fürchtete, in große Unannehmlichkeiten zu geraten, wenn er weiter oben keinen besseren Markt fände. Gaben die Barderaner nicht gutwillig nach, so blieb ihm nichts übrig, als Gewalt gegen sie zu brauchen, so unangenehm ihm dieses war, schon deshalb, weil dann die Wasserstraße des Juba für seine Expedition, und vielleicht noch für lange Zeit danach, verschlossen gewesen wäre.*

Doch nach weiteren Verhandlungen gelang es glücklicherweise, zumindest einige Lebensmittel zu erlangen, die allerdings nicht alle tatsächlich ausgeliefert wurden. Immerhin konnte nun die Fahrt auf dem Fluss endlich in Richtung der Stadt Ganane fortgesetzt werden, wobei jedoch zunächst die gefährlichen Stromschnellen oberhalb Barderas überwunden werden mussten.

Schiffbruch und Überfall der Somali

Am 25. September nachmittags erlitt der WELF bei dem Versuch, die Stromschnellen zu durchfahren, Schiffbruch. Auf vier großen spitzen Steinen saß der Dampfer wie festgenagelt. Man versuchte, die Lecks abzudichten und das eingedrungene Wasser herauszuschaffen, jedoch ohne Erfolg. Daher bestimmte der Baron am rechten Ufer des Flusses einen kleinen, ringsum von Wald begrenzten Platz zum Lager und ließ die Ladung in den Beibooten dorthin schaffen. Schon am Tag nach dem Schiffbruch verließ von der Decken mit Dr. Linck und einigen afrikanischen Begleitern gut bewaffnet das Lager, um mit seinem Boot zurück nach Bardera zu fahren und dort weitere Lebensmittel zu beschaffen.

Am 30. September waren die Arbeiten am Dampfer und im Lager weitgehend beendet. Der nächste Tag, ein Sonntag, sollte zumindest vormittags ganz der Erholung gewidmet werden. Am Nachmittag allerdings war vorgesehen, das Lager endlich mit einer Verschanzung zu umgeben, denn die Tage zuvor hatte man noch nicht an eine Befestigung des Lagers durch einen Dornverhau gedacht, weil dringlichere Arbeiten alle Kräfte in Anspruch nahmen. Zudem fühlte man sich aufgrund früherer friedlicher Erfahrungen mit Landeplätzen vollkommen sicher und fürchtete nicht im Geringsten irgendeinen feindlichen Angriff.

Diese Sorglosigkeit sollte sich nun rächen, da um die Mittagszeit der überraschende Überfall der Somali auf das unbefestigte Lager begann. Der nachfolgende Kampf dauerte kaum zehn Minuten, hatte aber den Tod von zwei Europäern, dem Expeditionsmaler Trenn und dem Maschinenmeister Kanter, sowie von etlichen Somali zur Folge. Einer Anzahl von Mitgliedern der Schiffsmannschaft gelang die Flucht.

Rückkehr der Überlebenden

Angesichts der Übermacht der Angreifer entschlossen sich die nicht geflohenen Überlebenden der Expedition, fünf Europäer und acht Afrikaner, trotz des ungewissen Schicksals von der Deckens und seiner Begleiter mit dem Großboot so rasch als möglich stromabwärts zurück an die Küste und nach Sansibar zu fahren, um von dort aus Hilfe zu holen. Vom Wrack des WELF wurden Papiere, Gelder und sonstige Wertsachen des Barons sowie Waffen, Munition und Lebensmittel mitgenommen. Nach fünf Tagen ohne Zwischenfälle und bei günstigem Wetter erreichten die dreizehn Männer erschöpft die Küste. Glücklicherweise stießen sie dort auf eine Dau, also auf eines der für den Indischen Ozean typischen kleineren Segelschiffe, mit dem sie über Kismayu und Tula nach Lamu segelten und von dort aus mit einem anderen Schiff über Mombasa am 24. Oktober endlich Sansibar erreichten.

Da dort kein europäisches Kriegsschiff lag, um ihre weiteren Bemühungen zur Aufklärung des Schicksals des Barons nachdrücklich zu unterstützen, unternahmen Kapitän von Schickh und seine Gefährten eigene Anstrengungen, um in Lamu und Tula Erkundigungen über die Geschehnisse in Bardera einzuziehen. Dort trafen sie auf Mabruk Speke, einen der afrikanischen Begleiter von der Deckens auf dem Weg von den Stromschnellen nach Bardera, von dem sie wichtige Informationen erhielten. Vor allem belastete er Abdio schwer, den Geleitsmann der Expedition, da dieser Verrat an dem Baron begangen habe.

Zurück in Sansibar traf auch das englische Kriegsschiff VIGILANT aus Brava ein, mit etlichen ehemaligen afrikanischen Mitgliedern der Expedition an Bord, die sofort verhört wurden. Ihre Aussagen stimmten alle darin überein, dass sowohl der Baron als auch Dr. Linck in Bardera ermordet worden seien.

Da nun keine weitere Aufklärung der Ereignisse in Bardera mehr möglich schien, entschlossen sich die fünf überlebenden Europäer der Expedition, die Heimreise anzutreten. Am 13. Januar 1866 verließen sie mit dem Hamburger Schiff KANTON die Insel Sansibar und trafen am 4. April in Hamburg-Altona ein. Hier wurden sie von einem Beauftragten der von der Decken'schen Familie empfangen und von ihren Pflichten entbunden.

Tod des Barons in Bardera

Der Familie des Barons lag allerdings sehr daran, das Schicksal ihres Angehörigen endgültig aufzuklären, denn trotz aller Verhöre auf Sansibar war immer noch unbekannt, wer eigentlich den Überfall veranlasst und ausgeführt hatte. Zwar lag auf den Einwohnern von Bardera und auf Abdio ein starker Verdacht, doch niemand konnte mit Bestimmtheit behaupten, dass diese Ansicht die richtige wäre. Es tauchten sogar Zweifel auf, ob der Baron und Linck tatsächlich zu Tode gekommen wären.

So beauftragte die Familie des Barons den damals in Kairo lebenden erfahrenen Afrika-Reisenden Theodor Kinzelbach, dem sich später noch Richard Brenner, einer der Überlebenden der Juba-Expedition, anschloss, mit einer Suchexpedition, die einzig und allein den Zweck hatte, *an Ort und Stelle genaue Erkundigungen über das Schicksal der angeblich in Bardera ermordeten Reisenden, des Baron von der Decken und seines Begleiters Doktor Linck einzuziehen und die zuverlässige Gewissheit über das Los der beiden zu erhalten.*

Auf Sansibar wurden nochmals alle dort anwesenden Afrikaner der ehemaligen Decken'schen Expedition verhört. Weitere Erkundigungen wurden in Brava eingeholt. Nach all diesen Erkenntnissen sollen die in der Nähe Barderas an beiden Ufern des Juba lebenden (zur Darod-Clanfamilie gehörenden) Kaballah-Somali unter Mitwirkung der Borana-Galla (Oromo) und einiger Bewohner der Ortschaften Lala und Bardera den Überfall und die Tötung des Barons vorgenommen haben. Durch den Schiffbruch des WELF hofften sie wohl auf reiche Beute. Nach dem Überfall sollen sie nach Bardera gegangen sein und aus Verbitterung über den Tod vieler ihrer Stammesgenossen den Baron ergriffen und ermordet haben: *Der Baron habe am Ufer des Jubaflusses, nahe dem Tränkplatze außerhalb der Stadt, einen Lanzenstich in das Herz und einen Messerschnitt quer über den Unterleib erhalten und sei sofort verschieden.* Die Mörder beraubten ihn sodann seiner Kleider und Wertsachen und warfen den Leichnam in den Fluss. Doktor Linck soll später von denselben Somali vor dem Haupttor Barderas getötet worden sein. Der Verfasser des Expeditionsberichts Otto Kersten gibt jedoch zu bedenken: *Was hiervon wahr ist oder nicht, vermögen wir nicht zu entscheiden … Die volle Wahrheit werden wir wohl nie erfahren; daher bleibe es dem Einzelnen überlassen, sich das Wahrscheinlichste aus dem Gemeldeten zu entnehmen.*

Bilanz der Expedition

Mit dem Schiffbruch, dem Überfall der Somali und dem Tod von der Deckens endete ein Unternehmen, *dessen Resultate in keinem Verhältnis zu den aufgewendeten Mitteln, Anstrengungen und Opfern gestanden hatten.*[45] Dem Expeditionsbericht zufolge betrug der Wert der gesamten Ausrüstung, die beiden Dampfer inbegriffen, über 40 000 Taler. Sein sprichwörtliches *treues Unglück* hatte den Baron nicht im Stich gelassen; er starb, wie man etwas emphatisch formuliert hat, den *Märtyrertod der Afrika-Forschung.*[46] Vor Antritt der Reise hatte er Freun-

45 Henze 1978a, S. V.
46 Ebd.

Die Todten der Expedition.

Kinzelbach. Linck. Trenn. Thornton.
Kanter. Hizmann.

den gegenüber geäußert, *er würde, wenn das Glück ihm diesmal nur ein wenig lächelte, mit dieser Reise seine Entdeckungsfahrten beschließen. Er ahnte vielleicht, dass sein treues Unglück möglicherweise noch mehr tun könnte, als ihn bloß verfolgen.*[47]

Die entdeckungsgeschichtlichen Ergebnisse des Unternehmens waren eher bescheiden. Wie Otto Kersten im Bericht der Expedition schreibt, lautete das Ergebnis in kurzen Worten so: *es gibt im Somalilande einen Fluss, welcher mit Schiffen von angemessener Größe und Bauart erwiesener Maßen eine Strecke von hundertsiebzig Seemeilen, die Krümmung eingerechnet aber vierhundert Seemeilen weit befahren werden kann.* Weiter stellt er fest, dass der WELF die ganze Entfernung bis zu den Stromschnellen hätte ungehindert zurücklegen können, wenn er einen um sechs Zoll geringeren Tiefgang gehabt hätte. In diesem Sinne zog Kersten hier auch eine Lehre für den Schiffbau: Hätte der WELF *wie die Nilboote, vorn geringeren Tiefgang gehabt als hinten, so hätte er in dieser Weise niemals festfahren können oder wäre wenigstens leichter von der Untiefe wieder abgekommen – ein Umstand, welcher künftighin bei dem Bau von Dampfschiffen für Befahrung unbekannter Flüsse sorgsam beachtet werden sollte.*

Immerhin war der Afrika-Forschung nunmehr bekannt, *dass es im Somalilande einen weit aufwärts schiffbaren Strom, den Juba, gibt.*[48] Für den Reise-Historiker Henze stand das mit größtem Aufwand begonnene Unternehmen in keinem rechten Verhältnis zu dem erzielten wissenschaftlichen Gewinn: *einer ersten detaillierten Kartenaufnahme, gestützt auf neun astronomische Positionsbestimmungen, des unteren Juba von der Mündung bis Bardera in 1 : 500.000.*[49]

Der bekannte zeitgenössische Geograph und Kartograph August Petermann würdigte die entdeckungsgeschichtliche Bedeutung der Reisen von der Deckens folgendermaßen: *Es ist Baron von der Decken … nicht beschieden gewesen, große gordische Knoten geographischer Rätsel zu durchhauen, Epoche machende Reisen durchzuführen, eklatante Entdeckungen zu machen, etwa wie es Burton und Speke in demselben Gebiete geglückt war. Die Ergebnisse seiner Anstrengungen sind mehr als ein Ausbau der Geographie anzusehen, aber sie sind deshalb nicht minder ehrenvoll, als die glänzenden und gefeierten Errungenschaften jener Mitarbeiter auf demselben Gebiete.*[50]

Doch sollte auch erwähnt werden, dass die Berichte der Expedition

---

47 Baron von der Decken 1871, S. 383.
48 Hassert 1941, S. 151.
49 Henze 1978b, S. 36.
50 Petermann 1869, S. VIII.

DER
JUBA FLUSS
VON DER MÜNDUNG BIS BARDĒRA.
Nach der Aufnahme des
BARON C. C. v. D. DECKEN
und basirt auf neun astron. Positionsbestimmungen

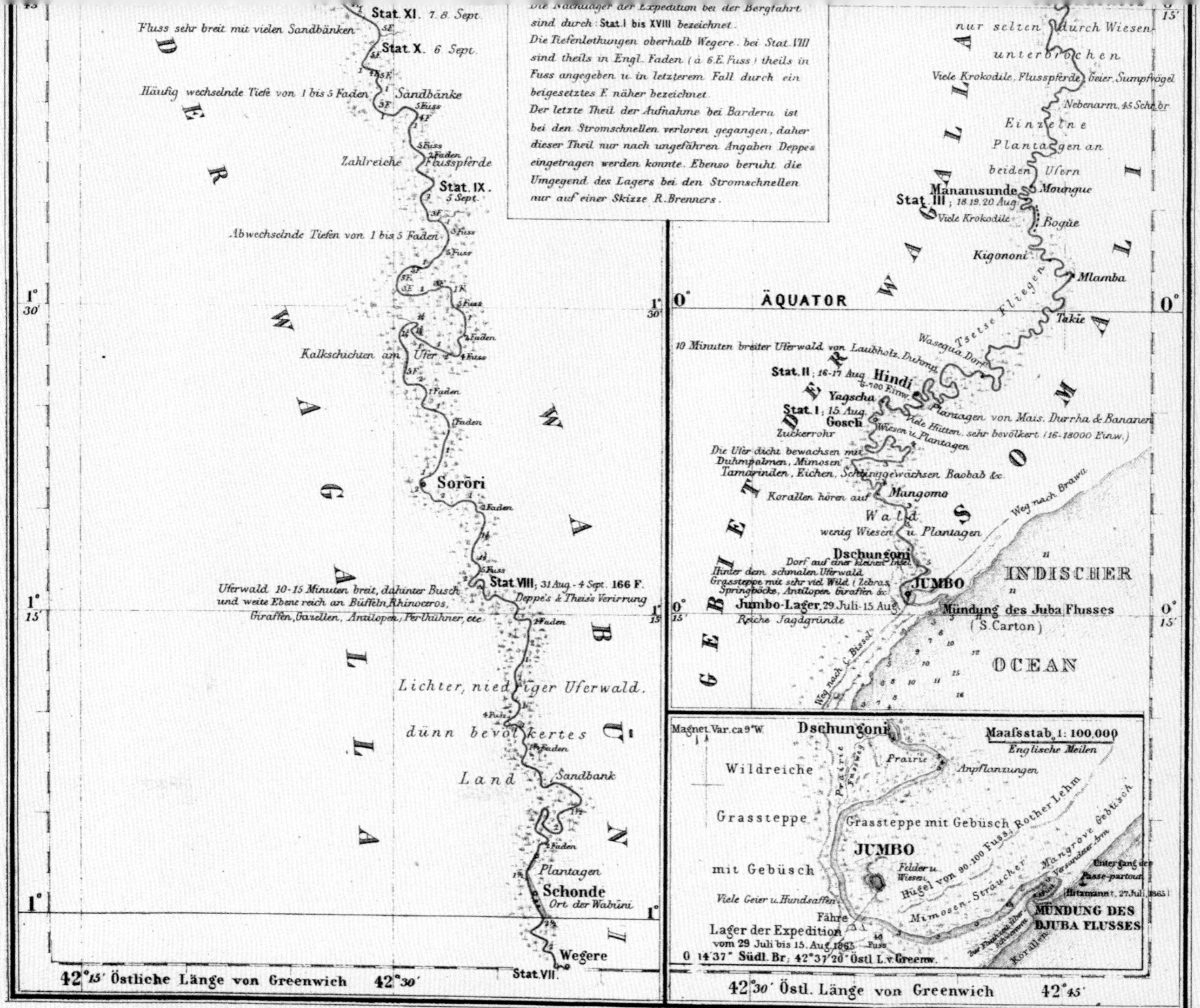
Die Nachtlager der Expedition bei der Bergfahrt sind durch: Stat. I bis XVIII bezeichnet.
Die Tiefenlothungen oberhalb Wegere, bei Stat. VIII sind theils in Engl. Faden (à 6 E. Fuss) theils in Fuss angegeben u. in letzterem Fall durch ein beigesetztes F. näher bezeichnet.
Der letzte Theil der Aufnahme bei Bardera ist bei den Stromschnellen verloren gegangen, daher dieser Theil nur nach ungefähren Angaben Deppes eingetragen werden konnte. Ebenso beruht die Umgegend des Lagers bei den Stromschnellen nur auf einer Skizze R. Brenners.
Stat. XI. 7. 8. Sept.
Fluss sehr breit mit vielen Sandbänken
Stat. X. 6. Sept.
Häufig wechselnde Tiefe von 1 bis 5 Faden
Sandbänke
Zahlreiche Flusspferde
Stat. IX. 5 Sept.
Abwechselnde Tiefen von 1 bis 5 Faden
Kalkschichten am Ufer
Sorori
Stat. VIII; 31 Aug. - 4 Sept. 166 F.
Deppe's & Theiss Verirrung
Uferwald 10-15 Minuten breit, dahinter Busch und weite Ebene reich an Büffeln, Rhinoceros, Giraffen, Gazellen, Antilopen, Perlhühner, etc.
Lichter, niedriger Uferwald.
dünn bevölkertes Land
Sandbank
Plantagen
Schonde
Ort der Wabuni
Wegere
Stat. VII.
DER WAGALLA
WABUNI
42°15' Östliche Länge von Greenwich
42°30'
nur selten durch Wiesen unterbrochen
Viele Krokodile, Flusspferde, beier, Sumpfvögel
Nebenarm
Einzelne Plantagen an beiden Ufern
Manamsunde
Moungue
Stat. III; 18. 19. 20. Aug.
Viele Krokodile
Bogüe
Kigononi
Mlamba
Takie
ÄQUATOR
Tsetse Fliegen
Wasegua Dorf
10 Minuten breiter Uferwald von Laubholz, Duhmp.
Stat. II; 16-17 Aug.
Hindi
6-700 Einw.
Yagscha
Stat. I; 15. Aug.
Gosch
Zuckerrohr
Plantagen von Mais, Durrha & Bananen
Viele Hütten, sehr bevölkert (16-18000 Einw.)
Wiesen u. Plantagen
Die Ufer dicht bewachsen mit Duhmpalmen, Mimosen, Tamarinden, Eichen, Schlinggewächsen, Baobab &c.
Korallen hören auf
Mangomo
Wald
wenig Wiesen u. Plantagen
Dschungoni
Dorf auf einer kleinen Insel
Hinter dem schmalen Uferwald Grassteppe mit sehr viel Wild (Zebras, Springböcke, Antilopen, Giraffen &c.
JUMBO
Jumbo-Lager, 29 Juli - 15 Aug.
Reiche Jagdgründe
Weg nach Brawa
Weg nach C. Bissel
Mündung des Juba Flusses
(S. Carton)
INDISCHER OCEAN
GEBIET DER WAGALLA
SOMALI
Magnet. Var. ca 9° W.
Dschungoni
Maafsstab 1: 100,000
Englische Meilen
Wildreiche Grassteppe mit Gebüsch
Prairie
Anpflanzungen
Grassteppe mit Gebüsch
Rother Lehm
JUMBO
Felder u. Wiesen
Hügel von 90-100 Fuss
Mimosen-Sträucher
Mangrove Gebüsch
Viele Geier u. Hundsaffen
Fähre
Lager der Expedition vom 29 Juli bis 15. Aug. 1865
0 14'37" Südl. Br.; 42°37'20" Östl. L. v. Greenw.
Untergang der Passe-partout
MÜNDUNG DES DJUBA FLUSSES
Korallen
42°30' Östl. Länge von Greenwich
42°45'
Lith. Anst. v. Leopold Kraatz in Berlin

über das (südliche) Somaliland und die Somali bis heute eine wichtige Quelle für die Ethnologie darstellen.[51] Die naturkundlichen Sammlungen der Juba-Expedition mussten nach der fluchtartigen Rückkehr der Überlebenden im Gefolge des Überfalls der Somali aus Platzmangel leider zurückgelassen werden.

Unklar und umstritten bleibt die Frage, ob durch das Verhalten des Expeditionsleiters der unglückliche Ausgang des Unternehmens mit verursacht worden ist. Wie Otto Kersten in dem Expeditionsbericht erwähnt, *ist zu wiederholten Malen von verschiedenen Seiten geäußert worden, dass Decken durch sein Verhalten gegen die Eingeborenen sein Geschick selbst herbeigeführt habe.* Mehrfache Warnungen von Einheimischen, den Juba hinaufzufahren, nahm er offensichtlich nicht ernst. Die seinerzeit unter den Europäern weit verbreitete Ansicht über die Gefährlichkeit und Fremdenfeindlichkeit der Somali wies er wohl als undifferenziertes Pauschalurteil zurück, ließ es jedoch zugleich an einer gewissen durchaus gebotenen Vorsicht mangeln. Bei manchen Verhandlungen mit einheimischen Autoritäten über die Lieferung von Lebensmitteln trat er zuweilen recht barsch und beleidigend auf und setzte notfalls auch auf Gewalt und Geiselnahme, was ihm gewiss kaum Sympathien eingebracht haben wird. Im Hinblick auf die diesbezüglichen Verhandlungen in Bardera räumte er selbst ein: *Ich beging den großen Fehler, den Leuten zu sagen, dass ich mich nicht betrügen ließe und sie in ihrer Preisforderung eben so gut wie Diebe wären.*[52]

Möglicherweise trug auch übertriebener Entdecker-Ehrgeiz zu dem Schiffbruch und damit indirekt zu dem nachfolgenden Überfall der Somali bei. Denn nicht zuletzt aufgrund von Gerüchten über das Nahen eines anderen Dampfers auf dem Juba und der (falschen) Annahme, es handele sich dabei um die LADY NYASSA von Livingstone, sah sich der Baron offenbar einem starken Konkurrenzdruck ausgesetzt, der ihn womöglich in dem fatalen Entschluss bestärkte, trotz der gefährlichen Stromschnellen weiterzufahren, um zumindest noch die Handelsstadt Ganane zu erreichen. Es blieb von der Decken unbegreiflich, *wie ein Mann von Livingstones Rufe es vor der Welt rechtfertigen wollte, einen Fluss zu befahren, welchen ein Anderer schon zum Felde seiner Forschung erwählt und bereits mit so großen Opfern zu erforschen begonnen hatte: er hätte doch auf jeden Fall warten müssen, bis dieser seine wohl erworbenen Anrechte freiwillig aufgab oder sich als unfähig erwies.*

Unklar bleibt auch, welche Absichten und Pläne der Baron hinsichtlich der Weiterfahrt und Rückkehr seiner Expedition nach Europa hatte.

Dem Expeditionsbericht zufolge war es sein fester Entschluss, *heimwärts nicht über Sansibar zurückzukehren, vielmehr, wenn irgend möglich, nach glücklicher Erforschung des Juba-Flusses sich über Abessinien oder Ägypten nordwärts zu wenden.* Wie eine solche ausgedehnte Landreise hätte bewerkstelligt werden sollen, bleibt eine offene Frage.

Auch der Geograph und Kartograph Petermann gibt zu bedenken: *Ob die Reisenden unter einem günstigeren Geschick beträchtlich weiter ins Innere vorgedrungen sein würden, lässt sich nicht beurteilen, der Weiterfahrt zu Schiff setzte die Beschaffenheit des Flussbettes selbst, besonders die Stromschnellen zwischen Bardera und Ganana, wie es scheint, unüberwindliche Schranken, aber man hätte doch wohl diese letztere, weit und breit bekannte Handelsstadt erreicht.*[53]

Der Baron hoffte vielleicht einerseits auf Hilfe Livingstones, der Gerüchten zufolge mit einem Dampfschiff ebenfalls den Juba heraufkam. Andererseits wollte er auf dem Landweg nach Ganane gehen, um zu sehen, ob sich eine weitere Reise (mit einem aus dem Wrack des WELF gebauten Boot) auf dem Juba noch lohnen würde. Auf jeden Fall aber war er entschlossen, selbst mit dem neuen Boot an die Mündung des Juba zurückkehren, um von der Küste aus Hilfe und Nachschub für die Zurückgebliebenen zu holen.

Mit dem Wrack des WELF im Juba hat die Expedition ein die Zeiten überspannendes Mahnmal hinterlassen. Als der britische Seeoffizier und Afrika-Reisende Dundas 1892 zum ersten Mal seit der Expedition von der Deckens wieder den Juba befuhr, war das Schiffswrack bei den Le Hele-Fällen nahe Bardera noch vorhanden.[54] Zur gleichen Zeit erreichte auch der italienische Offizier und Afrika-Reisende Bottego die Unglücksstelle am Juba und machte ein Foto von dem Wrack (siehe Abb. S. 100).[55] Die Überreste des Wracks waren noch in den 1920er Jahren sichtbar und könnten noch bis heute im Juba liegen.[56]

---

51 Zitelmann 2011, S. 36.
52 Petermann 1866, S. 69.
53 Petermann 1866, S. 77.
54 Hassert 1941, S. 151; Henze 1978b, S. 130.
55 Bottego 2003.
56 Verdcourt 2002, S. 2.

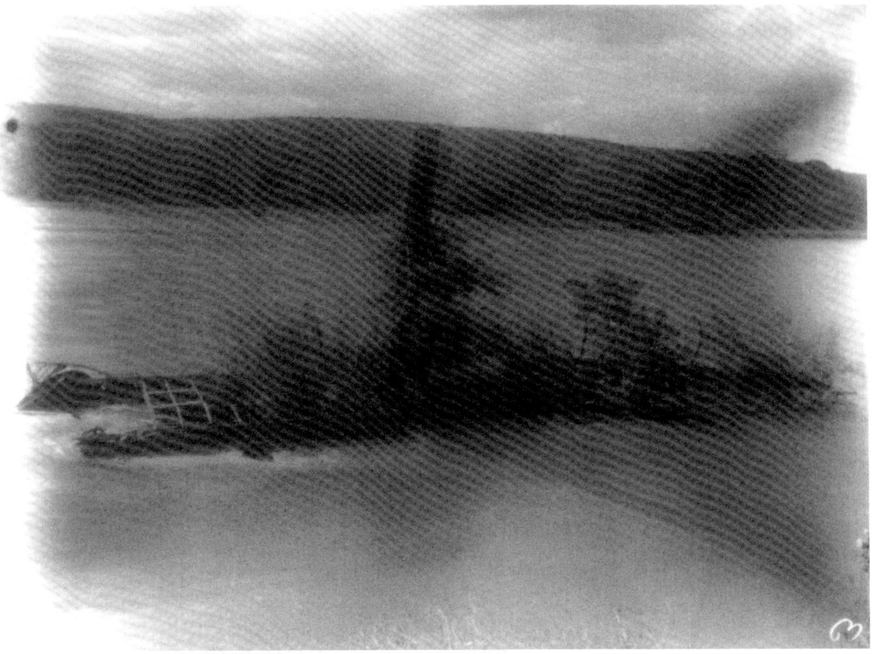

Zusammenfassung

Tod am Juba:
Die Dampfer-Expedition des Barons von der Decken ins Land der Somali (1865)

Der spätere Afrika-Reisende Carl Claus von der Decken wurde am 8. August 1833 als Spross einer vermögenden Adelsfamilie geboren, die eng mit dem Königreich Hannover verbunden war. Sein Vater, Baron Ernst von der Decken, war Offizier in der Englischen Legion gewesen und diente später den Königen von Hannover. Nachdem der junge Baron in Lüneburg die Gelehrtenschule besucht hatte, trat er 1850 in das hannoversche Kadettenkorps ein und begann eine militärische Karriere. Doch nach einer längeren Jagd-Reise durch Algerien im Jahr 1858 ergriff ihn das »Afrika-Fieber«. Daher schied er im Frühjahr 1860 wieder aus dem Armeedienst aus, um nunmehr eine Jagdreise in den Süden Afrikas anzutreten. Bei deren Vorbereitung ließ er sich von dem berühmten Afrika-Forscher Heinrich Barth beraten, der ihn jedoch auf die Region Ostafrika verwies, um dort den bereits abgereisten mittellosen Hamburger Forscher Albrecht Roscher zu unterstützen. Der Baron folgte dem Vorschlag Barths und reiste 1860 nach Sansibar, wo sich jedoch seine Pläne infolge der Ermordung Roschers im Inneren Afrikas zerschlugen.

Nunmehr suchte von der Decken nach einem eigenen Forschungsfeld in Ostafrika, das er in dem vom deutschen Missionar Johann Rebmann im Jahr 1848 entdeckten »Schneeberg« Kilimandscharo fand. Für seine Erkundung dieses Berges ehrte ihn 1864 die Londoner Geographische Gesellschaft, wodurch von der Decken zu einem international geachteten Afrika-Reisenden und Forscher wurde. Doch seine Pläne, auch in die Landschaften im Westen des Kilimandscharo einzudringen, scheiterten am Widerstand der Masai, die ihm den Eintritt in ihr Territorium verwehrten. Daher fasste der Baron den Plan, auf dem Wasserweg über die Befahrung afrikanischer Flüsse in das Landesinnere einzudringen. Zu diesem Zweck benötigte er allerdings für Fahrten auf unbekannten Flüssen geeignete Dampfboote. Zwei solcher Boote ließ er sich auf Hamburger Werften (u.a. der Reiherstieg-Werft) bauen. Der größere (Rad-)Dampfer erhielt (zu Ehren des Hannoveraner Herrschaftsgeschlechts) den Namen WELF, der kleinere wegen seines geringeren Tiefgangs den Namen PASSEPARTOUT.

Als Ausgangsort und logistische Basis für die geplante Expedition zur Erkundung des Juba-Flusses im südlichen Somaliland war die Insel Sansibar vor der ostafrikanischen Küste vorgesehen. Das Hamburger Handelshaus O'Swald & Co., das über beste Beziehungen zum dortigen Sultan verfügte, wurde mit dem Transport der Expeditionsausrüstung nach Sansibar beauftragt. Die beiden Dampfer wurden in Komponenten zerlegt, verschifft und dann vor Ort wieder zusammengebaut. Internationale Unterstützung für sein Vorhaben erhielt der Baron vor allem von Seiten Englands und dessen Admiralität, jedoch auch durch Frankreich und Österreich. Durch Vermittlung der auf Sansibar ansässigen englischen und hanseatischen Konsuln erhielt von der Decken auch diplomatische Schützenhilfe von Seiten des herrschenden Sultans Sayyed Majid.

Gut ausgerüstet und bewaffnet stach die Decken'sche Expedition in Begleitung und im Schlepp eines englischen Kriegsschiffes in See und fuhr dann allein die ostafrikanische Küste entlang nach Norden. Einige Seemeilen vom Juba entfernt ereignete sich ein erstes Unglück. In der Nacht setzte die Flut den Dampfer mit der Breitseite flach auf den Strand und mit der Brandung ergossen sich Sturzseen über das Deck. Spanten waren zerbrochen, Nieten ausgesprungen und Radspeichen verbogen. Durch das Einsaugen von Sand in die Speisepumpen hatte auch die Maschine Schaden erlitten. Gelang es nicht, den WELF bis zur nächsten Flut wieder flott zu machen, wäre das Schicksal der Expedition besiegelt gewesen. Doch glücklicherweise gelang dies nach dem Löschen der Ladung.

Ende Juli 1865 erreichte die Expedition endlich die Mündung des Juba. Doch ging bei der Einfahrt in den Fluss unglücklicherweise der PASSEPARTOUT verloren, so dass der WELF nunmehr seine Flussfahrt allein fortsetzen musste. Bereits hier zeigten sich einige der typischen Probleme, mit denen die Expedition in den folgenden Monaten immer wieder zu tun hatte. Diese waren zum einen das Misstrauen und die Weigerung der Einheimischen, die Flussfahrt der Expedition zu unterstützen und ihr Lebensmittel zur Verfügung zu stellen; zum anderen die Schwierigkeit, zuverlässige und fähige einheimische Führer (bzw.

Lotsen) und Dolmetscher zu bekommen. Auch offenbarten sich schon bald die Probleme einer Dampferfahrt auf einem unbekannten Fluss. Immer wieder musste Feuerholz geschlagen werden, um die wertvollen Kohlevorräte zu schonen. Wiederholt kam es zu einem Aufsitzen des Dampfers, dessen Ladung dann gelöscht werden musste, um ihn wieder flott zu machen.

Nach vielen Hindernissen und Verzögerungen erreichte man jedoch am 19. September die Stadt Bardera, wo es wiederum zu Streitigkeiten mit den Einwohnern über die Lieferung von Proviant kam. Bei manchen Verhandlungen mit einheimischen Autoritäten trat der Baron zuweilen recht barsch und beleidigend auf und setzte notfalls auch auf Gewalt und Geiselnahme, was ihm kaum Sympathien eingebracht haben dürfte.

Schließlich erlitt der WELF am 25. September bei dem Versuch, die Stromschnellen oberhalb der Stadt zu durchfahren, Schiffbruch und musste aufgegeben werden. Nach der Errichtung eines Lagers am Ufer wurde dieses einige Tage später von Somali überfallen, wobei einige Mitglieder der Expedition getötet wurden. Auch der Baron von der Decken fand in Bardera, wo er sich zeitgleich um weitere Lebensmittel bemühte, einen gewaltsamen Tod. Andere Mitreisende konnten sich jedoch retten und die Nachricht von dem unglücklichen Ende der Expedition nach Sansibar und nach Europa bringen.

Immerhin hatte das Unternehmen den Nachweis der Schiffbarkeit des Juba sowie eine erste detaillierte Kartenaufnahme des Flusses erbracht. Auch gilt ihr Bericht als eine wichtige ethnologische Quelle für die Kenntnis des südlichen Somalilands. Insgesamt handelt es sich bei der Dampferfahrt des Barons von der Decken um eine spannende Episode der Erforschung Ostafrikas von See her sowie um einen (allerdings weithin gescheiterten) Versuch, über einen afrikanischen Fluss in das Landesinnere vorzudringen.

Summary

Baron von der Decken's Steamer Expedition to the Land of the Somali (1865)

Carl Claus von der Decken, who would one day explore Africa, was born on 8 August 1833 to a wealthy family of aristocrats with close ties to the Kingdom of Hanover. His father, Baron Ernst von der Decken, had been an officer in the English Legion and later served the kings of Hanover. After attending grammar school in Lüneburg, the young baron entered the Hanoverian cadet corps in 1850 and began a military career. During a lengthy hunting trip in Algeria in 1858, however, he became infected with "Africa Fever". In the spring of 1860 he accordingly resigned from army service to embark on a hunting expedition in Southern Africa. In preparation, he sought the advice of Heinrich Barth, a famous explorer. Barth proposed that he go to East Africa instead to support the penniless Hamburg explorer Albrecht Roscher, who had already departed for that region. The baron followed Barth's suggestion and in 1860 travelled to Zanzibar, where, however, he had to abandon his plans owing to the fact that Roscher had been murdered in the African interior.

Now von der Decken set out in search of a research field of his own in East Africa, and found it in Mount Kilimanjaro, the "snowy mountain" discovered in 1848 by the German missionary Johann Rebmann. In 1864 von der Decken was distinguished by the London Geographical Society for his exploration of this mountain, and thus gained an international reputation as an African traveller and explorer. His plans to penetrate the regions to the west of the Kilimanjaro, however, were thwarted by resistance from the Maasai people, who denied him admission to their territory. The baron therefore conceived the plan to make his way into the hinterlands by river. To this end, he required steamboats suitable for travelling unknown rivers, and he had two such vessels built by boatyards in Hamburg (among them the Reiherstieg shipyard). The larger steamer, a paddle wheeler, was christened Welf in honour of the ruling Hanoverian family, the smaller one Passepartout on account of its lesser draught.

The island of Zanzibar off the coast of East Africa was chosen as the point of departure and logistical base for the planned exploration of the Jubba River in southern Somaliland. The Hamburg trading house O'Swald & Co., which cultivated excellent relations with the sultan in Zanzibar, was commissioned to transport the equipment for the expedition to that island. The two steamers were disassembled, shipped, and then reassembled on site. The baron received international support for his project above all from England and the British admiralty, but also from France and Austria. With the agency of the English and Hanseatic consuls in Zanzibar, von der Decken was also granted diplomatic protection by the ruling sultan Sayyed Majid.

Well-equipped and well-armed, the Decken expedition put out to sea accompanied (and towed) by an English battleship and then travelled north along the East African coast on its own. A first unfortunate incident came about only a few nautical miles from the Jubba. During the night, the incoming tide caused the larger steamer to tip over on its side on the beach, where it was exposed to the waves breaking over its deck. Ribs were broken, rivets loosened and wheel spokes bent. The feed pump moreover took in sand, causing damage to the engine. The crew was called upon to set the Welf afloat by the next incoming tide, or the fate of the entire undertaking would be sealed. Fortunately, however, after unloading the cargo, the endeavour succeeded.

The two vessels reached the mouth of the Jubba at the end of July 1865. Unfortunately, the Passepartout sank at the entrance to the river, and the Welf had to continue the journey alone. Already at this early stage, the expedition was confronted with a number of the typical problems that would beset it again and again in the months that followed – on the one hand the distrust of the natives and their refusal to support the explorers on their trip up the river, for example by making food supplies available, and on the other hand the difficulty of finding reliable and capable native guides (pilots) and interpreters. The adversities of travelling an unknown river by steamer also soon made themselves felt. Firewood had to be cut as often as possible in order to spare the valuable supply of coal. What is more, the steamer repeatedly ran aground and had to be completely unloaded every time before it could be set back afloat.

Having overcome many obstacles and delays, however, the expedition finally reached the city of Bardera on 19 September. There, once again, there were disputes with the natives over food supplies. In many of his negotiations with the local authorities, the baron conducted himself in a very brusque and offensive manner, even resorting to violence and hostage-taking in some cases – an approach which will hardly have made him very popular.

Finally, in the attempt to overcome the rapids upstream from the city on 25 September, the Welf was shipwrecked and had to be abandoned. The camp set up on the riverbank was attacked a few days later by Somali, and several members of the expedition were killed in the process. Baron von der Decken, who happened to be in Bardera in an effort to obtain food supplies, likewise met a violent death. Other members of the group managed to survive, however, and bring the tidings of the expedition's unfortunate end to Zanzibar and Europe.

The undertaking had at least proven the navigability of the Jubba and brought about the first detailed cartographic representation of that river. The expedition report is moreover regarded as an important ethnological source for knowledge of the southern Somaliland. In sum, Baron von der Decken's steamer voyage can be considered a suspenseful episode in the exploration of East Africa from the sea, and an attempt (however unsuccessful) to penetrate the heartland by way of an African river.

Verzeichnis der Quellen und Literatur

Baron von der Decken, Carl Claus 1869: Baron Carl Claus von der Decken's Reisen in Ost-Afrika in den Jahren 1859 bis 1861. Bearbeitet von Otto Kersten. Mit einem Vorworte von Dr. A. Petermann. Die Insel Sansibar. Reisen nach dem Niassasee und dem Schneeberge Kilimandscharo. Leipzig und Heidelberg.

Baron von der Decken, Carl Claus 1871: Baron Carl Claus von der Decken's Reisen in Ost-Afrika in den Jahren 1862 bis 1865. Nebst Darstellung von R. Brenner's u. Th. Kinzelbach's Reisen zur Feststellung des Schicksals der Verschollenen, 1866 und 1867. Bearbeitet von Otto Kersten. Leipzig und Heidelberg.

Beck, Hanno 1971: Große Reisende. Entdecker und Erforscher unserer Welt, München.

Bottego, Vittorio 2003: Vittorio Bottego e le esplorazioni in Africa 1897–1997, a cura di Maria Grazia Mezzadri e Roberto Spocci, Universita di Parma/Museo di Storia Naturale. Parma.

Embacher, Friedrich 1882: Lexikon der Reisen und Entdeckungen. Leipzig.

Essner, Cornelia 1985: Deutsche Afrika-Reisende im neunzehnten Jahrhundert. Zur Sozialgeschichte des Reisens. Stuttgart.

Genschorek, Wolfgang 1982: Zwanzigtausend Kilometer durch Sahara und Sudan. Leben und Leistung des Bahnbrechers der Afrika-Forschung Henrich Barth. Leipzig.

Gräber, Angelika und Gerd 1999: Sansibar, mit Pemba, Lamu, Mombasa und Dar-es-Salaam. Ein Reiseführer zur Swahili-Küste. Heidelberg.

Gueriviere, Jean de la 2004: Die Entdeckung Afrikas. Erforschung und Eroberung des schwarzen Kontinents. München.

Hamann, Günther 1988: Ein Überblick über die Geschichte der Erforschung des nordöstlichen und östlichen Afrikas. In: Abenteuer Ostafrika. Der Anteil Österreich-Ungarns an der Erforschung Ostafrikas. Ausstellungskatalog, hrsg. vom Amt der Bgld. Landesregierung. Eisenstadt, S. 81–124.

Hassert, Kurt 1941: Die Erforschung Afrikas. Leipzig.

Henze, Dietmar 1978a: Vorwort zum Nachdruck. In: Baron Carl Claus von der Decken: Reisen in Ost-Afrika in den Jahren 1859 bis 1865. Bearbeitet von Otto Kersten. Erster Band. Graz, S. V–VIII.

Henze, Dietmar 1978b: Carl Claus von der Decken. In: Dietmar Henze: Enzyklopädie der Entdecker und Erforscher der Erde. Band 1. Graz, S. 32–37.

Henze, Dietmar 2011: Albrecht Roscher. In: Dietmar Henze: Enzyklopädie der Entdecker und Erforscher der Erde. Neuausgabe. Darmstadt, S. 663–665.

Kersten, Otto 1869: Vorwort des Herausgebers. In: Baron Carl Claus von der Decken's Reisen in Ostafrika in den Jahren 1859 bis 1861. Leipzig und Heidelberg, S. XI–XIII.

Kresse, Walter 1966: Aus der Vergangenheit der Reiherstiegwerft in Hamburg. Hamburg.

Laitin, David D./Samatar, Said S. 1987: Somalia. Nation in Search of a State. Boulder, Col.

Middleton, Dorothy 1991: Africa. In: John Keay (ed.): History of World Exploration. The Royal Geographical Society, New York, S. 88–127.

Mountfield, David 1976: A History of African Exploration. London u.a.

Nebel, Susanne 1988: Der Handel in Ostafrika. In: Abenteuer Ostafrika. Der Anteil Österreich-Ungarns an der Erforschung Ostafrikas. Ausstellungskatalog, hrsg. vom Amt der Bgld. Landesregierung. Eisenstadt, S. 203–228.

Petermann, August 1866: Untergang der v. der Decken'schen Expedition, September 1865. Mit einer Übersicht der Reisen des Baron v. der Decken an der Ostküste von Afrika, 1860 bis 1865. In: Petermanns Geographische Mitteilungen, S. 66–77.

Petermann, August 1869: Vorwort. In: Baron Carl Claus von der Decken's Reisen in Ostafrika in den Jahren 1859 bis 1861. Leipzig und Heidelberg, S. VII–X.

Pleticha, Heinrich/Schreiber, Hermann 1999: Lexikon der Entdeckungsreisen (A–H). Stuttgart und Wien.

Schiffers, Heinrich 1962: Wilder Erdteil Afrika. Das Abenteuer der großen Forschungsreisen. Frankfurt am Main und Bonn.

Schlegelmilch, Uwe (unter Mitarbeit von Herbert Boltz) 1983: Die

Suaheli. Stadtkultur an der ostafrikanischen Küste. Staatliches Museum für Völkerkunde München.

Schneppen, Heinz 2003: Sansibar und die Deutschen. Ein besonderes Verhältnis 1844–1966. Münster, Hamburg, London.

Simons, Peter 1984: Entdeckungsreisen in Afrika. Braunschweig.

Simpson, Donald 1975: Dark Companions. The African Contribution to the European Exploration of East Africa. London.

Touati, Jasmin 1997: Politik und Gesellschaft in Somalia (1890–1991). Hamburg.

Verdcourt, Bernard (2002): Baron Carl Claus von der Decken – 1833–1865 Collectors in East Africa – 31. (Text extracted from »The Conchologists' Newsletter«, No. 162, pp. 204–211, published September 2002). E-Publikation unter http://www.conchsoc.org/collectors_east_africa/von-der-Decken-CC.php (29.12.2011).

Wiebeck, Erno/Winkler, Hermann 2000: Segler im Monsun. Die Dau am Indischen Ozean. Rostock.

Wisotzki, Sascha/Schellewald, Christian 2011/12: Die wundersamen Ufer von Zandjland. In: MARE, Nr. 89, Dezember 2011/Januar 2012, S. 88–92.

Wubneh, Mulatu/Abate, Yohannis 1988: Ethiopia. Transition and Development in the Horn of Africa. Boulder, Col.

Zitelmann, Thomas 2011: Soziale Strukturen, Organisationsformen und Konfliktverhalten unter Somali. In: Walter Feichtinger und Gerald Hainzl (Hrsg.): Somalia. Optionen – Chancen – Stolpersteine. Wien, Köln, Weimar, S. 29–53.

Zöffner, Reinhard 1881: Der schwarze Erdteil und seine Erforscher. Reisen und Entdeckungen, Jagden und Abenteuer, Land und Volk in Afrika. 2. Auflage, Bielefeld und Leipzig.

Verzeichnis der Abbildungen (Holzschnitte, Tafeln, Karten)

Wenn nicht anders angegeben, gilt als Quelle: Baron Carl Claus von der Decken's Reisen in Ost-Afrika in den Jahren 1862 bis 1865. Leipzig und Heidelberg 1871. Für die Anfertigung von Abbildungsreproduktionen sei der Staats- und Universitätsbibliothek Hamburg Carl von Ossietzky herzlich gedankt.

Seite 6: Porträt des Baron Carl Claus von der Decken, Stahlstich nach einer Fotografie von Ph. Graff. (Aus: Baron Carl Claus von der Decken's Reisen in Ost-Afrika in den Jahren 1859 bis 1861. Leipzig und Heidelberg 1869)

Seite 12: Ansicht der Reiherstieg-Werft, um 1860. (Aus: Walter Kresse: Aus der Vergangenheit der Reiherstiegwerft in Hamburg. Hrsg. von der Deutschen Werft. Hamburg 1961)

Seite 15: Porträt von Sayyed Majid, Sultan von Sansibar, nach einer Fotografie im Besitz von A. O'Swald. (Aus: Baron Carl Claus von der Decken's Reisen in Ost-Afrika in den Jahren 1859 bis 1861. Leipzig und Heidelberg 1869)

Seite 16/17: Sansibar von See aus. (Aus: Baron Carl Claus von der Decken's Reisen in Ost-Afrika in den Jahren 1859 bis 1861. Leipzig und Heidelberg 1869)

Seite 20/21: Karte der Insel Sansibar. (Aus: Baron Carl Claus von der Decken's Reisen in Ost-Afrika in den Jahren 1859 bis 1861. Leipzig und Heidelberg 1869)

Seite 22: WELF und PASSEPARTOUT unter Dampf, Initiale zum Abschnitt »Vorbereitungen«, nach einer Zeichnung von Trenn.

Seite 27: Durchschnitt und Grundriss des WELF, Holzschnitt nach Fotografie.
Seite 31: Aufbau des Dampfers WELF in Sansibar, Stahlstich.
Seite 36: Ansicht von Mombasa: Stadt und Festung Mombas, gesehen von Südwesten, Radierung. (Aus: Baron Carl Claus von der Decken's Reisen in Ost-Afrika in den Jahren 1859 bis 1861. Leipzig und Heidelberg 1869)
Seite 38: Auwesi, Sultan von Tula, nach einer Fotografie von A. O'Swald.
Seite 45: Mündung des Juba, Ausschnitt aus der Karte des Jubaflusses (S. 96/97).
Seite 55: Das Geierperlhuhn, Buntdruck-Lithografie.
Seite 58: Die Verirrten bauen sich ein Floß, nach einer Skizze von C. Theiß.
Seite 61: Bardera aus der Vogelschau, Holzschnitt nach einer Skizze von R. Brenner.
Seite 66: Skizze des Lagerplatzes, Ausschnitt aus der Karte des Jubaflusses (S. 96/97).
Seite 69: Überfall des Lagers durch Somali, Holzschnitt nach einer Skizze von C. Theiß.
Seite 88: Somalikrieger und Wasserträgerin aus Aden, Fotografie von Kol. Playfair, auf Holz übertragen.
Seite 94: Die Toten der Expedition, Fotografie nach einer Zeichnung von Gundblad, auf Holz übertragen.
Seite 96/97: Karte »Der Jubafluß«, Maßstab 1 : 500 000, mit zwei Kartons: a) Jubamündung und Umgebung von Jumbo, Maßstab 1 : 100 000 (vgl. S. 45); b) Skizze des Lagerplatzes nördlich von Bardera (vgl. S. 66).
Seite 100: Das Wrack im Juba: Trenta anni dopo. Il yacht di Von der Decken naufragato nel Giuba nel settembre 1865: 13 agosto 1893. Vittorio Bottego. – (esec. 1997). – 1 foto: gelatina a sviluppo; 234 x 299 mm. (Museo Zoologico Eritreo »Vittorio Bottego«, Parma). Stampa moderna dalla lastra originale posseduta dal Museo Bottego. La riproduzione a pag. 471 de IL Giuba esplorato e otticamente rovesciata perche ottenuta con una silografia realizzata su legno di testa da Ami Terzi. (Aus: Vittorio Bottego e le esplorazioni in Africa 1897–1997. Parma 2003, Abb. 160 auf S. 191. Mit freundlicher Genehmigung des Museo di Storia Naturale, Dipartimento di Bioscienze, Universita' di Parma)